A MAIOR FRUSTAÇÃO DO HOMEM:

NÃO COMPREENDER A SUA MULHER

Adriana Calabria

O LIVRO PARA HOMENS QUE TODAS AS MULHERES DEVEM LER

COMENTÁRIOS
A Maior Frustação

Lembro-me que quando tinha doze anos sonhava encontrar um dia uma mulher elegante, com mãos delicadas, sorridente, inteligente, sábia, fina e muito feliz. Dez anos depois, encontrei essa mulher.

Este livro é um excelente documento de ajuda à construção de um bom relacionamento entre os elementos que constituem um qualquer casal, especialmente para quem quer ter sucesso quando tem intenção de formar uma família.

A Dra. Adriana Calabria escreve aqui sobre as suas experiências, aquelas que lhe deram de forma real e simples quatro testemunhos de vida: ter Cristo sempre presente no seu percurso, ter um casamento de mais de trinta anos, ter três filhos e dois netos, e ter mais dois filhos políticos, sempre a servir Jesus Cristo e a ajudar a fortalecer outras pessoas.

Neste testemunho de sucesso e força, posso dizer-vos, queridos leitores, que vão encontrar princípios de vida que serão de grande ajuda para serem pessoas melhores e mais felizes.

Com a leitura destas páginas, vão conhecer uma mulher cativante, esplêndida, sempre alegre, sentimental, positiva e segura de si, uma parceira, confidente, uma pessoa amigável, fiel e leal. Uma lutadora que nunca retrocede e que confia sempre em Deus.

Apresento-vos simplesmente... a minha amada esposa, de quem sou um devoto apaixonado, a Dra. Adriana Calabria.

Dr. Osvaldo Díaz
Apóstolo Fundador
Celebración Osvaldo Díaz Ministérios (CODM)
Carolina do Norte, EE.UU.

Segredos de vitória

A herança espiritual familiar chegou à minha família há mais de 100 anos com os meus avós maternos. Cresci num lar onde a "família é um tesouro" do Eterno. Somos oito filhos que perseveraram com êxito o casamento, felizmente todos somos casados há mais de 40 anos com a mesma pessoa. Na verdade, encontramos o sucesso matrimonial e familiar na Bíblia. Foi lá que encontramos o segredo para sermos bons cônjuges e também o segredo para respeitarmos e potenciarmos os nossos cônjuges.

Nós, homens, descobrimos o valor da mulher que Deus nos deu e, ao dar-lhe o lugar que ela merece, vemos maravilhas na administração financeira do lar, do Ministério e na criação e educação dos nossos filhos e netos.

Conhecer o livro da Dra. Adriana Calabria deu-me muita satisfação. Numa sociedade em que o âmbito matrimonial e familiar está em colapso, não há nada melhor do que este documento. Estas páginas são como um bálsamo de água fresca no deserto. Quem o ler vai conselhos de vitória maravilhosos, que vão ser de grande ajuda para moldar o casamento e a família atual.

Recomendo, definitivamente, a sua leitura e estudo. Amém!

Apóstolo e Profeta Rony Chaves
Avance Missioneiro Mundial
Costa Rica

A maior frustação do homem é não compreender a sua mulher.

Este livro está cheio de conselhos divinos para que a vontade de Deus se cumpra aqui na terra, no que diz respeito as relações entre homem e mulher. Pois, estas são vistas como o fundamento que Deus escolheu para mostrar a sua imagem, o seu carácter e a sua natureza. Muitas coisas estão a mudar, e a mais importante de todas é a família. Se queremos que ela funcione como foi projetada por Deus, devemos começar com a recuperação do sacerdócio nos homens e a recuperação da sabedoria das mulheres.

Oro para que cada leitor, ao ter contacto com este tesouro, encontre cura para o seu coração ese aproxime mais de Deus e da sua palavra, para que se transforme num homem ou numa mulher melhor. Tanto um como outro deve entender que não importa o que tenham de forma individual, pois é a sinergia que faz a diferença.

Pastora Magie de Cano
Guatemala

Se um casamento está a atravessar uma crise, significa que necessita de atenção. O erro cometido por muitos casais é não encontrar formas de gerir uma situação menos positiva. A forma correta é encontrar Deus, entregar-lhe as nossas preocupações, a nossa vontade e permitir que Ele opere nas nossas vidas e no nosso casamento. A chegada de um livro Cristão como este às mãos do leitor não é casualidade, não acredito em casualidades. Ler livros deste género, que transportam consigo a palavra de Deus, faz com que as crises matrimoniais sejam superadas e com que as crises na vida das pessoas terminem, deixando lugar para a paz, para o prazer e para a liberdade na família, mesmo quando surgem outras dificuldades.

Deus encontra sempre a forma de mostrar que sem Ele não existe solução, não existe saída, não há esperança e que dependemos sempre Dele. Pois, Deus cuida de todos, dos nossos filhos e do nosso casamento. Contudo temos que estar dispostos a ceder-lhe o primeiro lugar nas nossas vidas e a aproximarmo-nos d' Ele.

Com a ajuda de Deus é possível vencer qualquer problema que estejamos a enfrentar no casamento. É possível perdoar as ofensas que possam ter causado sofrimento e que possam ter conduzido à possibilidade de um divórcio. É sempre possível resgatar um casamento, pois, é esta a vontade do Senhor.

Então ponho a seguinte questão: está disposto a contribuir com o que for necessário da sua parte? Nesse caso, é necessário reservar algum tempo para ler e para comer cada dia mais da palavra de Deus. Ele dá-nos a sabedoria, o domínio pessoal e uma atitude de perdão genuíno para que sejamos capazes ao pedir perdão a quem ofendemos e para que possamos perdoar o ofensor. Todos os casais deveriam ler este livro, pois acredito que será edificante para o relacionamento matrimonial.

Evangelista Cielo Ortuño
Orlando, Flórida

Com que olhos vê o futuro do seu CASAMENTO?

Sabe, Adriana? Nós temos uma visão importante em comum: vemos o nosso casamento com Deus no centro e com a intenção de projetar um futuro juntos, com solidariedade, amor e grandes projetos em conjunto.

Caro leitor, através destas páginas vai encontrar a maravilhosa oportunidade de compreender que não estamos sós, vai conhecer a chave para ser mais compreensivo e vai potenciar a capacidade de recriar a sua vida e escolher como projetar o seu futuro. Vai compreender que a folha em branco que se encontra diante de si pode ser preenchida com bênção.

Que forma maravilhosa de nos ver! É libertador pensar na forma como Deus vê a mulher. Não é apenas o que nos possam ter dito, não é apenas o que pensa sobre nós próprias, é o que o Criador pensa sobre a mulher, é a razão pela qual nós fomos criadas. Fomos o desejo de Deus para abençoar e completar.

Compreender o significado da palavra "ajuda", faz toda a diferença na forma como pensamos e sentimos. É muito mais profundo e poderoso do que nós podemos compreender hoje em dia. É maravilhoso! A Adriana leva-nos ao ponto de compreendermos o projeto de Deus. Como mulher, vai encontrar um novo significado no seu propósito. Como marido e administrador no casamento, vai ser capaz de entrar num novo nível de compromisso, de acordo com a vontade de Deus.

Celebro com uma salva de palmas quando vejo uma mulher do tamanho da Dra. Adriana Calabria, comprometida no desenvolvimento de contextos para o nosso crescimento, para termos uma expectativa mais ampla, para desenvolvermos o nosso ser, elevarmo-nos dentro dos nossos relacionamentos e atingirmos a plenitude.

Este livro serve para reforçar o olhar do homem, ampliar o conhecimento da mulher sobre o interior deste, e para aumentar a capacidade de compreensão mútua, de forma mais efetiva e proveitosa.

Tenho a certeza de que capítulo a capítulo a música da vida do leitor/a vai soar melhor, fazendo com que consiga escrever melhor a sua história.

Laura Teme
Fundadora e Presidente de METODOCC

Miami, Florida

Editado por: Ofelia Pérez
Ofelia Perez.com

Tradução para o português: Ana Carolina Casciano
Correção para portugues: Carla Lopes

**A maior frustração do homem: não co
mpreender a sua mulher
O livro para homens que todas as mulheres devem ler**
ISBN: 979-8-218-10634-8

Impresso nos Estados Unidos de América
© 2021 por Adriana Calabria
Adriana Calabria Publishing

DEDICATÓRIA

Obrigada, Deus, por me ter escolhido para este momento. Tu deste-me o impulso, a sabedoria e a convicção para acreditar que posso escrever.

Dedico este livro ao meu marido, o Apóstolo Osvaldo Díaz, porque foi quem me inspirou a ajudar tantos homens que se sentem frustrados e precisam conhecer e compreender as suas mulheres.

Osvaldo, és tão forte, tão determinado e seguro, e é por isso que te digo constantemente: amote e admiro-te.

RECONHECIMENTOS

Ao Pai Celestial, Jesus Cristo, e ao Espírito Santo que me revelaram tudo o que escrevi nestas páginas. Quanto amo a tua Palavra, Senhor!

Ao meu esposo, que me substituiu em muitas tarefas e que me ajudou a ter paz e tranquilidade para que fosse possível escrever este livro.

Aos meus filhos, à minha nora, ao meu genro e aos meus netos porque são o motivo para continuar a criar todos os dias.

A cada uma das minhas intercessoras, que foram o meu impulso e a minha força em momentos de dificuldade. Elas são todas muito especiais e importantes para mim.

Aos homens e mulheres do ministério CODM USA porque aprendo, todos os dias, com cada um deles o que é ter uma família espiritual. Por isso, tenho muito apreço por todos.

Finalmente, alargo o meu agradecimento ao Dr. Xavier Cornejo e à minha editora, a Sra. Ofelia Pérez, uma vez que, embora não os conheça pessoalmente, foram os meus guias na arte de escrever e de editar livros. A minha bênção.

CONTEÚDO

PRÓLOGO

A maior frustração do homem… faz-nos lembrar os primeiros meses, talvez anos, do casamento, quando o esposo pensa que compreende as mulheres, até que tem oportunidade de conviver com a sua esposa. Por mais que as mulheres tenham muito em comum, não são todas iguais. O que ajuda o homem a compreender a sua mulher é honrar o compromisso do verdadeiro amor matrimonial.
É estar convencido de que o pacto que fez perante Deus o inspira a decifrar e, inclusive, a disfrutar da mulher que Deus lhe deu como sua ajuda e salva-vidas.

Este não é o típico livro de conselhos matrimoniais. É a compilação de experiências quotidianas, que a Apostola Adriana aproveita para partilhar. A autora partilha não só a sua experiência como mentora de casais, mas também partilha generosamente a sua própria história pessoal. Ela explica-nos que quando nos fundimos com o nosso esposo em pacto e compromisso, conhecemo-nos e amamo-nos profundamente e então somos um para o outro em todos os momentos da nossa vida. Geramos um vínculo de três cordas, incorruptível e impossível de romper. Chegamos a ser um só ser mental, físico e, o que é mais importante, emocional. Quando o homem se dedica a amar a sua mulher, ele conhece-a e compreende-a, por sua vez, a mulher consegue encontrar no seu homem o protetor que lhe traz segurança nas batalhas da vida.

Como casal com uma vida ministerial temos o desafio de ser testemunhas das promessas do Senhor e fiéis cumpridores da Palavra de Deus, aplicando-a com sabedoria no nosso casamento, com os nossos filhos, os nossos amigos e as nossas famílias políticas. Por conseguinte, temos o chamado supremo de

Deus e a grande responsabilidade de ser um modelo a seguir naquilo que fazemos, dizemos e expressamos, não somente dentro da nossa congregação, mas também para todos os que estiverem ao nosso alcance.

Ter a Deus e a sua Palavra como centro do nosso pacto matrimonial é a única forma de cumprir o pacto que fizemos com Ele. E somente quando o homem e a mulher se comprometem ao entendimento mútuo, podem gerar uma união feliz que sirva de testemunho para os filhos e para o mundo. A maior felicidade do homem tem que ser compreender a sua mulher.

Este livro é para as pessoas que estão a pensar em casar-se, para os novos casais, para os casais felizes e, sobretudo, para os casais que estão a considerar opções que vão desprezar depois de o lerem.

Omayra Font
Predicadora internacional e autora de best sellers
Pastora, Igrejas Fuente de Água Viva
Porto Rico e Flórida

PREFÁCIO

É impossível escapar do mandato Divino de escrever um livro. É desafiante e mobilizador. Este chamado de Deus na minha vida começou há cerca de dois anos durante algumas viagens que tive que fazer a várias partes do mundo.

Ao ministrar com o meu marido na América Central, pessoas que não me conheciam disseramme: "A Sra. tem que escrever livros". Mais tarde, numa igreja no Uruguai ouvi a voz de uma senhora que estava sentada atrás de mim: "Deus disse-me que a senhora tem que escrever livros". Também na África do Sul e na Nigéria, Deus enviou-me pessoas que me disseram a mesma coisa: "A senhora tem que escrever".

Quando morei em Portugal (União Europeia) comecei a escrever este livro que o leitor tem nas mãos. Foi numa madrugada que Deus me entregou o título: *A maior frustração do homem: a mulher.* Decidimos fazer uma pequena alteração do título napublicação para que pudéssemos levar uma mensagem mais direta.

O tópico das relações humanas sempre me interessou, apercebi-me de que há muito para falar sobre o homem e a mulher e muito para aprofundar sobre a complexidade de cada um deles.

Este livro chega para preencher o vazio dos homens que querem compreender a mulher no seu todo maravilhoso, e todos concordamos que não é uma tarefa fácil. Porém, cada capítulo vai levá-lo ao mais profundo do coração deste ser maravilhoso e do seu também. Espero que, de forma sincera, possa implementar as mudanças necessárias na sua vida para poder viver plenamente num estado total de bênção. Desejo ainda poder chegar a cada vida frustrada e cansada e marcar um precedente no leitor e nas gerações que se seguem.

Abarquei todos os tópicos: a virilidade, o ciúme, a raiva, a infidelidade, bem como as etapas que os homens e as mulheres atravessam ao longo das suas vidas.

Não é importante se está casado ou se é solteiro, jovem ou maduro, a leitura do livro vai tornálo num homem transformado, vibrante e atrativo para aqueles que estão ao seu redor, vai torná-lo também num bom pai para os seus filhos e deixará, assim, de ter uma vida frustrante para ter uma vida transcendente.

Não temas, pois estou contigo; não te assombres, porque eu sou o teu Deus. Eu fortaleço-te, e ajudo-te, e sustento-te com a minha destra fiel. (Isaías 41:10).

Deus está consigo.
Adriana Calabria

INTRODUÇÃO
Acredite que a mudança é possível

Acredite que a mudança é possível Quando era pequena e víamos um filme e conversávamos sobre algum ator, eu perguntava sempre ao meu pai: "Ele já morreu?" e "Ele casou-se?".

Do meu ponto de vista, achava que estes eram os estados essenciais de um homem. Ainda hoje, quando vejo uma série ou um filme, quero conhecer a vida do ator ou do protagonista. Tenho um profundo interesse pela vida pessoal destas pessoas, e acontece o mesmo com cantores ou músicos.

Este é o primeiro livro que escrevo, o título esboçou sorrisos em algumas pessoas, também algumas gargalhadas, porque consideram a frase uma grande verdade, , *a maior frustração do homem, não compreender a sua mulher.*

Neste livro, vou escrever especificamente sobre as relações entre os homens e as mulheres, sempre à luz de como fomos criados por Deus, entendendo o porquê do comportamento do homem e o motivo pelo qual ele atua de determinada forma. Existem muitos livros sobre as mulheres, mas existem muito poucos sobre os homens. Tenho a certeza de que a leitura deste livro vai ser cativante e muito interessante.

Tenho um marido maravilhoso, um filho amoroso, um genro italiano que é como um filho para nós, a lembrança do meu pai como uma pessoa exemplar e o legado espiritual do meu avô italiano, que graças a ele hoje posso servir ao Senhor. Além do conhecimento pessoal, a minha experiência de anos a ministrar casais e a ouvir e a aconselhar muitas mulheres, foi a razão pela qual me inspirei neste tema tão interessante:

a alma do homem que quer conhecer e interpretar o coração da mulher. Penso também entrar em detalhes sobre o casamento e os filhos nas diferentes idades: crianças, adolescentes e jovens.

Em suma, temos um grande projeto pela frente. Temos que compreender algumas coisas muito importantes para podermos desenvolver estes tópicos: entender que o homem foi criado por Deus, que a mulher foi formada por Deus a partir do homem e que cada um cumpre uma função específica e diferente. É precisamente nas funções que cada um desempenha e no lugar que Deus nos mandou desempenhar, que os maiores erros são cometidos e onde surgem as maiores dificuldades dentro das relações. E, é claro que o inimigo aproveita justamente esta situação para destruir vidas no plano individual, no plano do casamento e até no âmbito familiar.

Geralmente, a maior parte das pessoas aproxima-se de Deus porque tem problemas nos seus relacionamentos e, também, por situações difíceis que já não sabem como resolver. Ou seja, se existe alguma coisa que faz com que o homem procure Deus, é precisamente uma situação que lhe cause dor ou o faça sentir impotente, sem saber o que fazer. É somente então que ele se entrega a Deus, como nunca.

O título do livro é *A maior frustração do homem: não compreender a sua mulher*, e a sua finalidade não é criticar a mulher ou o homem, mas sim ensinar por que razão, muitas vezes, o homem se sente frustrado com a mulher e não sabe como gerir o seu relacionamento.

Em algumas ocasiões ele não sabe como ultrapassar uma crise, não sabe como agradar a mulher e acaba por desesperar. Este livro é para aqueles homens que estão sempre perante o conflito e a insatisfação, e para os ajudar a identificar as necessidades mais importantes da mulher, para que eles as possam satisfazer. Como sempre, quanto melhor conhecemos o funcionamento de alguém ou de alguma coisa, melhor será o proveito.

Prepare-se para se entregar a um livro apaixonante.

Chegou a hora de mudar!

DEUS ESCOLHEU-NOS HOMEM E MULHER

1

"À medida que o homem se conhece melhor, maior é o entendimento sobre os outros e ainda mais sobre a mulher".

O escolhido é aquele que tem o favor de Deus, aquele que recebe todos os benefícios referidos na Palavra. É necessário não esquecer que foi Ele quem nos amou em primeiro lugar e nos escolheu.

O homem foi escolhido para receber todas as bondades que Deus tem para ele. E é por isso que é tão importante concentrar-se em si mesmo e construir um mundo interior, parar a meio do caminho da vida, ficar quieto e ver que, para seguir em frente é necessário parar para refletir.

Temos que ser detetives privados da nossa vida, porque existe uma grande diferença entre o que somos e o que fazemos. Temos que olhar para dentro, porque talvez haja alguma coisa dentro de nós que não tenha sido resolvida, e que não nos traz paz. Criticarmo-nos e criticar os outros é o resultado da frustração, porque olhamos o que fazemos e o que fazem os outros, porém é sempre mais fácil criticar do que mudar.

Algumas pessoas mudam pelo momento que atravessam,

23

outras por pressões. Contudo, nunca chega a ser uma transformação verdadeira, o que gera uma frustração ainda maior. Então, se pararem o seu percurso diário e meditarem de forma regular sobre o seu comportamento, vão tolerar mais as atitudes dos outros e vão ver que também precisam de uma mudança verdadeira.

Pois, as nossas ações são a consequência da pessoa somos.

AQUELE PENSAMENTO MALDOSO QUE NÃO É IMEDIATAMENTE DEIXADO DE LADO TRAZ CONSEQUÊNCIAS NEFASTAS.

Pergunte-se: quem sou? Existem pessoas que não se conhecem e amam-se em excesso, sentemse orgulhos de si mesmo ou então desanimam quando se apercebem que está tudo errado. Por isso, a Bíblia diz:
"Enganoso é o coração, mais do que todas as coisas..." (Jeremias 17:9).

No entanto, quanto melhor se conhecerem, melhor entenderão os outros, e será ainda mais fácil compreender a mulher, que é o assunto que nos ocupa.

É importante cuidar do seu mundo interior, da sua vida espiritual!

Tudo começa com um pensamento. O que acontece quando temos pensamentos maldosos? E se além disso saboreamos por demasia esses pensamentos? O que antecede as nossas ações futuras são os nossos pensamentos. Aquele pensamento maldoso que não é imediatamente deixado de lado vai trazer consequências nefastas. É muito fácil ter pensamentos maldosos, pensar bem é mais difícil. A Palavra de Deus diz-nos em Provérbios 12:2:

O homem de bem alcança o favor do Senhor, mas ao homem de perversos desígnios, ele condena-o.

Conhecê-Lo transforma-o dia a dia. Logo, por ter este conhecimento do Senhor e de si mesmo, pode mudar as suas ações e a sua vida.

Um verdadeiro Cristão sabe que é uma bênção estar firme ao lado do Senhor, recusando o mundo e a carne e glorificando Deus. Então, o Espírito Santo ocupa o lugar de maior proeminência na sua vida. Crescer espiritualmente no conhecimento de Deus é mais do que uma capacidade intelectual para o Cristão, é uma mudança moral. É uma vida nova.

O exemplo que vos apresento abaixo foi retirado de uma mensagem de Watchman Nee, tratase de uma história popular.

Há alguns anos atrás, li uma fábula sobre uma centopeia e um sapo. O sapo perguntou à centopeia: "Quando caminhas, qual é o pé que mexes primeiro?". Ao tentar determinar com que pé começava a caminhar a centopeia deixou de se poder mover e por estar tão cansada por causa do esforço que fez, decidiu deixar de pensar e despediu-se. Mas quando voltou a caminhar, tentou adivinhar qual o pé que tinha mexido primeiro e ficou outra vez imóvel. De repente, o sol apareceu dentre as nuvens, e ao ver os raios de sol ficou tão feliz que correu na sua direção, esquecendo-se da ordem com que os seus pés se mexiam.

Conclusão: se estamos constantemente a analisar-nos, menos avançamos e mais retrocedemos, porém, quando olhamos a luz do Senhor, avançamos sem perceber.

Esta fábula é um exemplo claro do nosso andar Cristão. Avançamos somente se olharmos para o Senhor. Quando a nossa lente está focada em nós, imobilizamo-nos e não vamos a lugar nenhum, porque acontecem duas coisas: ou elevamos muito a apreciação que temos de nós, ou ocorre uma desmoralização excessiva de nós mesmos. Então, para não vivermos frustrados ou frustradas, temos que tratar bem todas as pessoas.

A mulher que é bem tratada é uma mulher extraordinária. Os filhos amados são uma bênção para a vida inteira. Agora, quando um homem e uma mulher vivem em insatisfação permanente, sem se tolerarem e com frustrações de longa data, a estabilidade do relacionamento entra em perigo. Ninguém deve resignar-se perante uma situação destas, pelo contrário, é necessário aprender a resolver a situação de forma certa. Somos julgados mais pelas nossas ações do que pelas nossas intenções.

A Bíblia em Tiago 4:17 diz:
"Portanto, aquele que sabe que deve fazer o bem e não o faz nisso está a pecar."

Muitas pessoas passam à vida à procura do que é justo, sem depois pôr a justiça em prática. Outros sabem o que Deus quer para as suas vidas e, mesmo assim, não cumprem. De acordo com a Palavra de Deus, ficar sem fazer nada não é correto.

Pois a obra de Deus que está presente nas nossas vidas vai alcançar outras gerações, transcendendo à eternidade.

Espero que com a ajuda deste livro possa alcançar grandes mudanças na sua vida, e que como homem, se sinta pleno, amado e valorizado.

AS PESSOAS NOS JULGAM MAIS POR NOSSAS AÇÕES DO QUE POR NOSSAS INTENÇÕES.

Eu acredito que podemos mudar. E o leitor

MATAR A VIRILIDADE

2

"Deus quer atuar através dos homens. O objetivo principal do diabo é matar a virilidade, e algumas mulheres matam essa qualidade essencial do homem devido a más experiências que tiveramno passado".

Este assunto é fundamental para poder compreender um mal que se manifesta hoje em dia e que não é levado em consideração por muitas mulheres que estão sempre a culpar o homem de tudo. Fazem sofre muito os homens com isso!

O homem necessita reafirmar-se, garantir a sua posição de poder. É uma característica inata ao homem, Deus fê-lo assim. É por isso que ele luta diariamente para encontrar um lugar nesta nova ordem, uma ordem que, muitas vezes, é trocada pelas mulheres, e que faz com que elas tratem o seu esposo como uma criança, exercendo domínio sobre ele.

Os casais querem ter filhos, só que depois não podem criá-los porque têm muito trabalho e, na verdade, uma criança precisa dos pais. As estatísticas demonstram que muitos lares contam com um pai ausente, que o homem não está em casa. E Deus quer realizar a sua obra através dos homens.

Observamos diariamente um novo fenómeno com os divórcios: vemos que os homens não compreendem as suas responsabilidades para com os filhos e deixam tudo nas mãos das mulheres. A mulher, pelo seu instinto maternal e pelas suas emoções, cuida e responsabiliza-se sempre pelos filhos. Em certas situações, não tem outra opção a não ser manter um equilíbrio entre o trabalho e o lar. Agora, a pergunta é a seguinte: até que ponto a culpa é da mulher?

NUNCA PODERÃO MATAR A VIRILIDADE DO HOMEM QUE CONHECE A DEUS.

É uma realidade que, quando observamos o modelo bíblico e o comparamos com a realidade que vivemos, apercebemo-nos da desordem, constatamos um péssimo desempenho no que diz respeito às funções homem-mulher estabelecidas por Deus.

Existem obrigações que cada um deve cumprir e fazer um esforço para as conhecer e as realizar.

As mulheres estão constantemente a queixar-se dos homens, porém deviam parar para pensar que se tornaram muito independentes e se encarregaram de outras coisas, o que fez com que deixassem de ter tempo para dar a devida importância a quem realmente deveriam dedicar o seu tempo e esforço.

Neste sentido, se o homem se submeter a Deus e deixar que Ele o dirija, então a mulher seguilo-á e poderá até obedecê-lo

O homem de verdade

O nosso melhor exemplo sempre será Jesus Cristo e como Ele se relaciona com o Seu Pai, com submissão e obediência. Se você, homem, teve uma boa relação com o seu pai terreno e foi obediente, não terá problemas em obedecer a Deus.

E se você, mulher, conheceu a família do homem, isso irá ser um exemplo de como ele será. A forma como ele se comporta diante dos pais, será a forma como se vai comportar como esposo e pai de família.

O homem que se relaciona com Deus como Pai é um homem de verdade, pois demonstrará que Deus reina na sua vida e no seu lar. O seu relacionamento familiar estará em ordem, existirá amor, paciência e confiança. Um homem de verdade é generoso e, por isso, providencia sempre à a sua esposa e aos seus descendentes o que eles necessitam, pois aprende com o Pai Celestial. Deus, o Pai Celestial, é amoroso e generoso, o homem foi adotado como Seu filho e, nesta medida, o homem tem todos os direitos que um filho tem. Que Deus!

Ora, se vós, que sois maus, sabeis dar boas dádivas aos vossos filhos, quanto mais o Pai celestial dará o Espírito Santo àqueles que lho pedirem?
(Lucas 11:13)

Dei ministério a muitas mulheres com muitas carências, porque estão casadas com homens egoístas, que só pensam em si mesmo, porque não tiveram um modelo de pai para aprender. É por isso que o homem necessita saber como ama o Senhor, porque Ele é o único modelo perfeito e consumado do amor verdadeiro. É um amor de sacrifício, que dá e não espera nada em troca.

Nunca poderão matar a virilidade do homem que conhece Deus, que se relaciona com Ele, e se deixa transformar até imitar o modelo perfeito para a família, a paternidade do Senhor na terra.

31

O livro Romanos capítulo 13, versículo 8 (NTV) diz:

*Não devam nada a ninguém, a não ser o amor de
uns pelos outros, pois aquele que ama o seu próximo
tem cumprido a Lei.*

Amor e complemento

O amor é dar e receber. Eu semeio amor e colho amor. Dou amor para depois receber. Não existe um nível de amor mais profundo do que o amor que se dá sem esperar nada em troca. É por amor, pelo prazer do amor. É o desejo de dar, aquele que não espera nada da outra pessoa.

O meu marido é um homem apaixonado por tudo o que faz, é um homem que me ama e ama os nossos filhos de uma forma real e verdadeira. E demonstra-nos constantemente com palavras, factos e ações.

Muitas mulheres matam a virilidade do homem por experiências do passado, porque o pai ou outro homem lhes causou danos. Desta forma, a mulher não deixa que homem desempenhe a sua tarefa de protetor. Pois é natural que o homem queira proteger a sua mulher. Mais ainda, ele quer ser o seu herói.

Sou uma pessoa que se assusta com facilidade, e dou sempre graças a Deus por ter um marido tão valente. Ele nunca teme, é o meu herói.

Toda as mulheres precisam de segurança e proteção. A segurança de ser a única e a primeira prioridade para o seu homem, a mulher precisa de ser reafirmada nesta área, saber que ela é a única mulher na sua vida e a mais importante.

AS MULHERES PRECISAM DE SEGURANÇA E PROTEÇÃO.

Temos que considerar que algumas mulheres não tiveram infância, a vida fez com que elas crescessem de uma só vez. Tornaram-se mulheres cuja infância lhes foi roubada, não puderam ser inocentes, não puderam confiar, nem conhecer o amor sincero. Como homem, tem que saber que a mulher que viveu esta circunstância necessita da ajuda do homem para poder superar os seus traumas. Se ela não pôde ter infância e o passado não pode ser mudado, o que se pode fazer é olhar para o futuro e agarrar-se a uma nova vida com Cristo.

Sempre ensinei as minhas filhas a aproveitarem cada etapa da vida. A tarefa dos pais é cuidar e velar pela segurança dos seus filhos, para que eles cresçam de forma segura e sã.

Os homens e as mulheres estão, muitas vezes, frustrados por inúmeras razões, e uma delas é o facto de viverem numa batalha constante. Este não foi o propósito de Deus. Deus criou o homem e a mulher para que se completassem e vivessem na sua presença, para que se amassem. Pois o amor é a base das relações humanas.

Os homens respondem ao cortejo e à amabilidade de uma mulher. Para ele o cortejo e amabilidade não é uma ameaça, pelo contrário, é um estímulo para sair de casa para o trabalho com alegria.

OS HOMENS RESPONDEM AO CORTEJO E À AMABILIDADE DE UMA MULHER.

Contudo, quando a mulher decide competir com o homem, afasta-se da linha criadora que Deus idealizou para ela. Além de receber o amor de Deus, a mulher deve estar disposta a receber o amor de um homem. Ela deve ser amável, gentil, e comovê-lo, não com uma resposta agressiva, mas com um sorriso. Com esta atitude, ela não vai perder, muito pelo contrário.

Está na altura de terminar com estes prejuízos. Muitos homens bons sofrem pelo amor de uma mulher e são maltratados por mulheres que associam a dor a lembranças que as atormentaram a vida inteira.

Jesus Cristo quer libertar a mulher. Ele quer libertá-la para que ela possa amar a Deus, o esposo e a vida. O homem que amar essa mulher vai ajudá-la e vai amá-la em qualquer circunstância, escolhendo-a acima de tudo. Renunciará a tudo, inclusive aos seus bens, para a conhecer e a ajudar, por ela e pelo grande valor que ela tem para si.

É por isso que a primeira coisa que um homem deve saber é saber como foi criado.

*Ser egoísta
também é
destrutivo.
gratificação
imediata é
destruição a
longo prazo.*

*O homem precisa de
reafirmação, a mulher
precisa da
segurança de ser a única
e a principal prioridade
para o seu homem.*

COMO FOI CRIADO O HOMEM

3

*"O homem é um projeto Divino. É por isso que
Deus quer que ele conheça a sua origem,
porque ele é uma criação direta da mão de Deus".*

Quando Deus decidiu criar o homem, não o fez como fez com as outras espécies que eram "de acordo com as suas espécies", então Deus disse:

*"Façamos o homem à nossa imagem, conforme
a nossa semelhança…".(Génesis 1:26).*

O homem é extraordinário, porque é um projeto divino. É por isso que Deus quer que o homem conheça a sua origem, porque se trata de uma criação direta da mão Dele.

Agora, quem melhor do que Deus para definir a virilidade do homem, já que foi Ele quem o criou:

*Criou Deus, pois, o homem à sua imagem, à imagem
de Deus o criou; homem e mulher os criou.
(Génesis 1:27).*

O homem foi criado por Deus para Sua glória, e o que este tem que fazer é conhecê-Lo. E como a palavra Dele está encaminhada para o ser humano, é lá onde podemos provar que o homem foi criado por Deus. A mulher foi criada a partir do homem, o homem foi criado e em seguida, Deus criou a mulher a partir do homem. Poderoso. Deus é um Deus de ordem.

O título do livro é sobre a frustração do homem que não compreende a sua mulher. Agora, como compreender a mulher sem se conhecer? Não é verdade?

Então, como sempre, vamos à fonte do nosso conhecimento, a Palavra de Deus.

> *Então, formou o Senhor Deus ao homem do pó da terra e lhe soprou nas narinas o fôlego de vida, e o homem passou a ser alma vivente. (Génesis 2:7).*

Deus, o Senhor, soprou-lhe o fôlego da vida. Além do mais, também lhe deu a capacidade de escolher, a vontade própria, diferente de todos os outros seres criados. Se bem que os seres criados por Deus têm vida, porém quando Deus soprou o fôlego de vida no homem, imprimiu imortalidade na sua alma e no seu espírito.

> *O Espírito de Deus me fez, e o sopro do Todo-poderoso me dá vida. (Jó 33:4).*

Quanto poder experimentamos nestas palavras: saber que o poder de Deus foi soprado na vida do homem! Que a vida Zoe,[1] a vida em abundância, está em si, e não apenas na vida física, é vida eterna, vida espiritual, aqui e agora em plenitude, é vida futura de glória. Extraordinário!

---

1 Zoe refere-se à vida divina, incriada, incorruptível, indestrutível e eterna de Deus: a vida original que Deus partilhou ao homem antes da caída. A árvore da vida representava a vida Zoe, a vida de Deus.

Por isso, ao tomar conhecimento de que a mão de Deus está sobre si, deve compreender e saber o seu destino. O Seu destino é conhecê-Lo cada dia um pouco mais. É adorá-Lo, é encontrá-Lo cada dia mais na sua vida, porque Ele é o seu Criador.

> *Porque os atributos invisíveis de Deus, o seu eterno poder, também a sua própria divindade, claramente se reconhecem, desde o princípio do mundo, sendo percebidos por meio das coisas que foram criadas. Tais homens são, por isso, indesculpáveis; (Romanos 1:20).*

Ao observarmos a criação de Deus, não podemos deixar de reconhecer que é a clara e total evidência da Sua existência. Todas as qualidades do ser humano estão relacionadas com a imagem e semelhança de Deus, considerando também, o seu valor intrínseco por ser o ponto mais alto da criação. Por isso é tão importante o reconhecimento do Criador nas nossas vidas. É a nossa obrigação sermos cada dia melhores e subirmos o nosso nível em todos os aspetos do nosso ser.

O homem foi tirado da terra e criado por Deus. Ao tomar conhecimento deste facto, fiquei surpreendida. Ao ter sido criado a partir da terra por Deus, o homem teve sempre necessidade de explorar o exterior, estar fora de casa. É por isso que os homens têm um lado selvagem e aventureiro.

A mulher não compreende isso, não compreende que sair para pescar, jogar futebol e participar em jogos de competição são parte da essência do homem.

Quando temos filhos homens, sabemos que desde que são pequeninos querem correr pela casa, brincar às guerras de almofadas e provocar o pai até começar uma luta corpo a corpo, porque esse é oseu lado selvagem e é normal.

Herói do seu lar: proteção e serviço

Agora quero esclarecer-vos sobre como nos mostram, seja em imagens ou pinturas, Jesus Cristo. Ele aparece sempre como uma pessoa frágil, muito magro e sem forças. Dentre os filmes que já vi sobre a vida de Jesus o que mais gostei foi o *"The Gospel of John"* (O Evangelho de João), porque o ator não tinha estas características, muito pelo contrário, mostrava um Jesus forte, com caráter, um guerreiro, tal como Ele nos é apresentado em Isaías 42, versículo 13: *"O Senhor sairá como valente, despertará o seu zelo como homem de guerra..."*, e o capítulo inteiro é sobre o Messias.

As qualidades do ser humano foram criadas à imagem e semelhança de Deus.

O momento mais marcante do primeiro encontro com o meu marido foi quando ele me abraçou pela primeira vez. Lembro-me que foi nesse dia que eu decidi que ele seria o homem da minha vida.
Não me esqueço desse momento. Senti tanta proteção, os seus braços envolveram os meus ombros e foi-me transmitido um sentimento de valentia, de segurança. Ele é assim, um homem valente e seguro de si.

O homem tem que ser forte, valente e esforçado. Nos filmes, nem todos os heróis são verdadeiros heróis. Essa é a cultura que o mundo nos vende. Um verdadeiro herói é aquele que continua a viver com a mesma mulher e a faz feliz o resto da sua vida.

E como a mulher foi criada a partir do homem, ela precisa de um lar. Ela tem a capacidade de abrigar, pois ela pode carregar um bebé no ventre durante nove meses. Então, a primeira coisa que o homem tem que pensar é em comprar uma casa para a sua mulher e para os seus filhos. A realização plena e total da mulher é ter uma casa, para que ela a possa transformar num lar.

Lembro-me que durante as nossas viagens pelo mundo para implementar novas Igrejas, todos estes anos de casados, tivemos que morar em casas alugadas e em nenhuma delas tive o mesmo sentimento de quando estava na minha própria casa. Investimos, cuidamos e mantemo-la linda, porque é nossa. A casa fixa-nos num lugar, estabelece-nos.

O VERDADEIRO HERÓI É AQUELE QUE CONTINUA A VIVER COM A MESMA MULHER E A FAZ FELIZ O RESTO DA SUA VIDA.

É desta forma que o homem demonstra o seu papel como homem. *Compra-lhe a casa.* Estejam de acordo com a compra, decorem-na juntos e agradeçam a Deus pela casa própria. A casa também vai trazer estabilidade e conforto para que cada um tenha o seu próprio espaço.

Homem, *tenha um coração de serviço* e reserve tempo para as tarefas de manutenção da casa, para que ela fique mais bonita, mas faça-o com amor, sem refilar.

Determinação é poder. Há uma tarefa mais importante à sua espera.

Outra coisa que verifiquei é que muitas famílias comem separadas, não se sentam à mesa à hora das refeições. *Sentarem-se juntos na hora das refeições* estabelece laços de afeto e reforça a autoestima dos membros da família e quando o homem está na cabeceira ainda mais.

. . . .

DETERMINAÇÃO É PODER. HÁ UMA TAREFA MAIS IMPORTANTE À SUA ESPERA.

Em minha casa ninguém começa a comer até que todos estejam sentados à volta da mesa. Oramos e agradecemos os alimentos e depois conversamos e rimo-nos muito, ao contar o que nos aconteceu durante o dia.

Reserve sempre um dia para ter uma reunião familiar e partilhar as Escrituras. Assim, você é um mestre para os seus filhos e para a sua esposa, animando, ensinando e revendo a Palavra de Deus, deste modo, os dons dados pelo Senhor vão fluir para que consiga cumprir o seu objetivo. A Palavra de Deus diz-nos:

> *Se o Senhor não edificar a casa, em vão trabalham os que a edificam; Se o Senhor não guardar a cidade, em vão vigia o sentinela. (Salmos 127:1).*

A presença de Deus e a gratidão para com Quem faculta todas as coisas devem estar sempre presentes no lar.

Procure o Senhor todos os dias da sua vida, peça-Lhe que

examine o seu coração, e confie Nele, não nas coisas adquiridas.

> Nada há melhor para o homem do que comer,
> beber e fazer com que a sua alma goze o bem
> do seu trabalho. No entanto, vi também que
> isto vem da mão de Deus. (Eclesiastes 2:24).

Desfrute do seu trabalho, porque lhe foi dado por Deus, e o trabalho é uma bênção. *Seja determinado nas suas ações.*

Leia o exemplo: Agustín queria o cargo de administrador financeiro no departamento de vendas, só que por ser muito jovem negavam-lhe o posto. Ele era um dos melhores vendedores de carros, falava espanhol e inglês, ensinava os colegas mais velhos a vender e tinha uma personalidade muito determinada. Pois, sempre que atendia um cliente não deixava que este se fosse embora sem comprar o produto que ele vendia.

Quando Agustín completou vinte e oito anos, decidiu que o cargo seria dele. Então resolveu fazer todos os cursos disponíveis no país para melhorar as suas competências. Ia com a esposa e o seu filho, ficavam nos hotéis das cidades onde ele tinha os exames e ela ajudava-o a estudar.

Dormia pouco e passava muitas horas nas aulas e a estudar. Como resultado, conseguiu ser aprovado com as melhores notas dentre todos os outros alunos e, por isso, foi nomeado gerente financeiro. Para além disso, recebeu a licença de registador, um título para poder atuar como gerente financeiro em qualquer estado dos Estados Unidos.

Determinação é poder. Há sempre um cargo mais alto à sua espera.

Lembre-se, se quiser encontrar uma esposa e casar-se, em primeiro lugar tenha um trabalho, porque Deus, antes de criar Eva, deu a Adão a tarefa de cuidar e lavrar a terra e tinha ainda a responsabilidade de dar o nome para tudo o que se mexia e existia à face da terra. Este era o seu trabalho.

Encontre alegria no seu trabalho e no despertar diário.

*Senhor diz:
seja esforçado
e valente irá
conseguir tudo
o que quiser,
guiado pela mão
de Deus.*

COMO A MULHER FOI CRIADA

4

"A mulher é uma invenção Divina, uma ajuda para que o homem chegue ao seu potencial máximo. Ela é o seu salva-vidas".

A mulher é um presente, uma invenção divina de Deus para o homem. Claro que tem sempre que seguir o modelo de Deus baseado na Palavra.

Deus criou o homem e a mulher de forma especial, particular, para que eles funcionassem juntos. Deus criou a mulher porque percebeu que não era bom para o homem estar só.

Disse mais, o Senhor Deus: "Não é bom que o homem esteja só; far-lhe-ei uma auxiliadora que lhe seja idónea". Havendo, pois, o Senhor Deus formado todos os animais do campo e todas as aves dos céus, trouxe o homem, para ver como este lhes chamaria; e o nome que o homem desse a todos os seres vivos, esse seria o nome deles. O homem deu o nome a todos os animais domésticos, às aves dos céus e a todos os animais selvagens; para o homem, todavia, não havia uma auxiliadora que lhe fosse idónea. Então, o Senhor Deus fez com que caísse um sono pesado sobre o homem, e este adormeceu; retirou uma das suas costelas e

> *fechou o lugar com carne. E a costela que o*
> *Senhor Deus retirou do homem, transformou-a*
> *numa mulher e trouxe-a. E disse ao homem:*
> *"Esta, afinal, é osso dos meus ossos e carne da*
> *minha carne; chamar-se-á varoa, porquanto do*
> *varão foi retirada". Por isso, deixa o homem pai*
> *e mãe une-se à sua mulher, tornando-se os dois*
> *uma só carne. (Génesis 2:18-24).*

Um homem que passou 23 anos como um ermitão numa ilha da Austrália chegou à conclusão de que o contacto humano é um tesouro. Aos 76 anos ainda espera conhecer uma mulher que decida morar na ilha com ele, porque reconhece que estar só é demasiado triste.

Gosto de dizer que Deus, quando terminou de criar tudo, viu a mulher e descansou.

Ela é a ajuda idónea, a ajuda adequada, perfeita, concedida por Deus para que o homem chegue ao seu potencial máximo e aumente os seus dons. Ela fortalece-o nas suas fraquezas e ajuda-o a tomar as melhores decisões.

O significado da palavra "auxílio" é tão profundo, que Robert Alter, um estudioso da Bíblia e brilhante tradutor da Bíblia Hebraica, diz que "esta é uma palavra de notória dificuldade para traduzir".[2]

 O significado é ainda mais poderoso que apenas "auxílio", significa "salva-vidas". E à medidaque o homem conhece melhor a mulher, mais fácil é a sua vida. O problema dos homens é que eles pensam que são donos.

---

2 The Hebrew Bible: A Translation with Commentary Biblia Hebraica, uma tradução comentada, 2018, W.W. Norton.

Ao serem administradores, mordomos da vida das suas mulheres, eles não são donos de nada, só administram, pois tudo pertence a Deus. É por isso que devem sempre dar graças a Ele por lhes ter concedido uma esposa, filhos, casa e bens, porque tudo provém de Deus.

Lembro-me de um casal jovem, cujo homem tratava a esposa de forma rude, com desmerecimento, insultos e chamava-a de prostituta. Ela era muito inteligente, talentosa e bonita, e não merecia que ele a tratasse dessa forma.
Cheguei a conhecê-la bem e apercebi-me da mais-valia que ela era na vida desse homem. Contudo, ele tratava-a mal, com ruindade, ainda por cima, ela ganhava mais do que ele, o que lhe provocava inveja e ciúmes. Por outro lado, ele não fazia nada para ganhar mais do que ela, só a feria com palavras cruéis.

• • • • • • • • • • •

AO ORAR PELO SEU HOMEM VAI CONSEGUIR COM QUE SE DESFAÇA O QUE NÃO PODE MUDAR NELE.

O homem terá que prestar contas de tudo o que lhe foi dado. Por outras palavras, se usamos e damos valor ao que nos é dado, teremos lucro no que empreenderemos, porém, se não usamos e não damos o devido valor ao que nos foi dado por Deus, podemos perder tudo, *"mas a quem não tem, até o que tem lhe será tirado …"*, é o que a Bíblia diz em Mateus 25:29.

O homem não deve jamais funcionar de forma independente de Deus. É o pior erro e uma condenação inevitável.

O HOMEM TEM QUE SABER PARA O QUE FOI CRIADO, CASO CONTRÁRIO A SUA VIDA SERÁ MERA EXISTÊNCIA.

Ao homem digo-lhe sempre: ore pela sua esposa em voz alta, passe-lhe a Palavra de Deus, apaixone-a com palavras bonitas e ela vai respeitá-lo e submeter-se a si. Aprendi e ensinei que a oração une os casais. É poderosa, porque orar em privado faz com que nos tornemos maiores em público e molda em ambos um melhor caráter.

A mulher é o auxílio a orar sempre pelo homem. Notei que muitas vezes as mulheres não oram pelos maridos, elas oram pelos filhos, pelos pais, por muitas coisas, mas nunca pelo marido. Orar pelo nosso homem faz com que Deus consiga mudar o que nós não podemos modificar nele. Deus consegue de uma forma especial e pense: isto é fantástico!

Inevitavelmente, quando Deus menciona a mulher na palavra, Ele ordena que "ela respeite o marido e se submeta a ele". E quando essa submissão compromete a sua relação com Deus e a leva ao pecado, então, e só então, ela não está obrigada a obedecê-lo, tendo que obedecer a Deus primeiro. Caso contrário, ela tem que ser fiel a este preceito.

A mulher que ama a Deus obedece sempre aos Seus mandamentos. Na minha experiência ministerial, vi que muitas mulheres tomam as decisões, porque os homens adotam uma postura cómoda: não se submetem a Deus e deixam de cumprir o papel estabelecido por Ele para eles.

Muitas vezes, os homens desqualificam as mulheres, e reiteradamente vemos os maridos a desqualificarem as suas esposas. Nestes casos, a chacota, a rejeição e o desdém são diariamente atirados ao coração sensível da mulher. Cheguei à conclusão de que não há volta a dar quando uma mulher se cansa desta situação e toma a decisão definitiva de abandonar o marido. Não quer dizer que ela não tenha pedido a Deus para aliviar a calamidade que tem vivido, ela pediu durante muito tempo, suportou muita humilhação, mas não aguentou mais.

A identidade é formada através das relações familiares: pai, mãe, irmãos, familiares e lugar de nascimento. Por isso, uma das maiores necessidades do homem é conhecer a sua identidade: quem sou eu? Porém, é através do profundo conhecimento de Deus que se poderá formar esse "novo homem", criado – diz a Sua Palavra– *"semelhante a Deus em justiça e em santidade provenientes da verdade" (Efésios 4:24)*.

Às vezes, o homem sente-se morto, pois por mais que respire a sua energia, aquele fervor de antes dilui-se pelas pressões da vida. Isto acontece porque o homem não se conhece. O homem tem que saber para o que foi criado, porque de outra forma, a sua vida não passa de uma mera existência. E você, homem, não foi fruto de um acidente é fruto de um plano de Deus.

Na família de Osvaldo ele é o quarto filho. Quando ele estava no ventre da sua mãe, ela, por ignorância e porque já tinha outros três filhos e muitas carências económicas, pois trabalhava muito, carregava baldes e sacas pesadas no campo, onde moravam, e esperava que a gravidez não chegasse ao final e perdesse o bebé. Pendurava-se nas vigas de madeira do teto de casa, mas por mais que tentasse, o bebé continuava a lutar, porque era o destino de Deus que essa criança nascesse. Osvaldo lembra-se bem da história porque era contada pela mãe, contudo, ela dizia sempre que ele era o seu filho mais bonito. Já adulto, ele entrou em contacto com Deus e um dia o profeta entregou-lhe as seguintes Palavras de Deus:

> *Antes de formá-lo no ventre eu escolhi-o; antes de nascer, eu separei-o e designei-o profeta às nações (Jeremias 1:5).*

Foi naquele momento que ele compreendeu realmente a história contada pela sua mãe. Quantos lugares o Osvaldo teve que percorrer durante a tenra juventude! Quis até ser mercenário, e como o plano de Deus para ele era outro, não pode entrar na instituição e foi reprovado por problemas nos olhos.

Hoje em dia ele é uma das pessoas mais inteligentes e mais conhecedoras das Escrituras que eu já conheci na vida. É líder espiritual e fundador de ministérios religiosos e de uma Universidade Cristã.
Muitas pessoas tiveram e têm a ajuda deste grandioso homem de Deus. Ele mora no país que sempre sonhou e tem uma família linda e muito abençoada por Deus.

Quando o homem descobre o seu propósito e o seu destino, Deus forma o seu caráter verdadeiro, porque depois Ele vai usá-lo. É por isso que Ele o cuidará e o protegerá, ainda que seja da morte. Quando o homem deixa que Deus atue, as suas relações com os outros também serão as corretas. E o que é ainda mais maravilhoso, é que Deus lhe vai dar a mulher adequada, porque a vontade de Deus é *"boa, agradável e perfeita"* (Romanos 12:2). E Deus não se importa com o contexto social, *"Pois em Deus não há parcialidade."*

(Romanos 2:11). O chamado de Deus para nós é que vivamos em paz e pela sua palavra. A Bíblia diz:

> *A Sua palavra é a lâmpada que ilumina os meus passos e a luz que clareia o meu caminho. (Salmos 119:105).*

O significado desta frase é muito profundo porque na antiguidade as pessoas amarravam uma lâmpada nos pés para iluminar o caminho. Repare que a vida já é bem difícil para ser vivida sem um guia. A Palavra de Deus é esse guia.

É como o fogo que purifica e como um martelo que parte a dureza do homem. Guarde a Palavra Dele no coração. Ele torna sábio o simplório, fortalece e sustém a sua vida e levanta as defesas do seu espírito.

De agora em diante, afirme-se mais do que nunca em Deus, aprofunde essa procura pessoal.

ANSIEDADES, ANGÚSTIAS, RAIVAS E IRA

5

"As emoções são traiçoeiras, é por isso que as nossas ações devem caminhar com as nossas convicções. As discussões entre os casais devem servir de ajuda para chegar a um acordo e melhorar a convivência diária".

Todos ficamos zangados com algo ou com alguém. E temos que estar conscientes de que ficar zangado é uma emoção natural, que serve para que reajamos perante uma injustiça ou para tentar mudar uma situação.

Agora, quando essa raiva nos faz reagir de forma descontrolada, ou nos faz entrar em cólera, isto sim é um problema. Então, temos que nos conhecer bem, estarmos consciente das situações e das pessoas que nos aborrecem, ou seja, aquilo ou quem nos aborrece com mais facilidade.

As discussões entre os casais são úteis para chegar a um entendimento e melhorar a convivência diária. É precisamente com o esposo ou com a esposa com quem mais nos aborrecemos, e isso é assim porque é com quem passamos mais tempo. A Palavra de Deus diznos:

"Quando vocês ficarem irados, não pequem. Apaziguem a vossa ira antes que o sol se ponha". (Efésios 4:26).
Tradução: *"não esteja sempre aborrecido".*

Ainda mais quando estamos com Cristo, as iras, as raivas e as discussões são provocadas por Satanás, porque ele, o inimigo, é especialista em promover as discussões e os problemas.

O casamento é um campo fértil para isso, porque é onde os dois se mostram como são. É impossível se esconderem, mesmo que durmam na mesma cama cada um virado para o seu lado.

É muito melhor manter a calma, manter a paz, principalmente para as mulheres, porque mudar é muito difícil, e estamos sempre a pensar que a culpa é do outro.

Vou usar o meu marido como exemplo, quando estamos aborrecidos com alguma coisa, é ele quem perdoa primeiro, e se foi ele quem se equivocou, pede perdão sem deixar passar muito tempo. Em poucas palavras, não dá lugar à raiva.

Esta atitude tem ajudado o nosso casamento, porque nos evitou muitos problemas, e eu aprendi muito com ele neste aspeto. Inclusive, quando ele tem que chamar a atenção os nossos filhos e tem que os corrigir, quando termina, abraça-os e diz-lhes que ralha com eles porque os ama. Graças a isso, os nossos corações estão sempre sãos. Acho que Deus é a favor desta atitude de tomar a iniciativa de reparar logo a situação.

Os homens conseguem discernir bem quando as forças do mal atacam a sua mulher, por isso têm de passar mais tempo com ela. Ela comove-se ao saber que está sempre nos seus pensamentos, que o marido escolhe um vestido lindo e o imagina no seu corpo, que gosta de abraçá-la, porque quando um homem se apaixona por uma mulher, quer estar sempre com ela, e preencher os espaços pessoais. Para evitar muitas angústias e discussões, não guarde segredos, partilhe-os com a sua esposa, confie-lhe os números dos cartões e das contas bancárias, deixe-a administrar o dinheiro, pois muitas mulheres são melhores administradoras do que os homens. Mais ainda, deixe-a ver o seu telemóvel, é claro que se você tem algo a escoder, não poderá fazer isso.

> A MULHER COMOVE-SE AO SABER QUE ESTÁ SEMPRE NO PENSAMENTO DO SEU HOMEM.

Duas histórias

A Marília estava muito apaixonada pelo Ernesto, beijava-o, abraçava-o, caminhavam quilómetros pela praia e viam-se todos os dias.

Faziam companhia um ao outro, eram inseparáveis. Estavam a namorar há dois meses e ele pediu-a em casamento diante dos pais dela. Com muito sacrifício, gastou uma quantia significativa no anel e deu-lho (ajoelhou-se, como de costume) com um lindo ramo de flores. Era um sonho maravilhoso.

Um belo dia, quando eles estavam na casa dele, ela pediu-lhe o telemóvel emprestado para tirar uma fotografia de um bichinho de estimação e encontrou uma mensagem recente de outra rapariga, que estava a fazer propostas indecentes ao Ernesto.

Podemos imaginar o escândalo que ela fez. Falou com os pais dele, com os pastores da congregação e ninguém justificava as suas ações. Ela estava tão ferida que não conseguia pensar corretamente. Ele explicou-lhe que era uma coisa do passado, que não tinha nada com aquela rapariga, pediu-lhe perdão e fez de tudo para reparar a situação, até eliminou as suas contas nas redes sociais.

NÃO PODEMOS PERMITIR QUE O INIMIGO USE AS NOSSAS EMOÇÕES CONTRA NÓS.

Ela estava com o seu orgulho tão ferido que mesmo depois de o ter perdoado, o namoro nunca mais foi o mesmo.

O romantismo acabou, as coisas lindas que existiam entre eles transformaram-se num relacionamento desrespeitoso da parte dela e agressivo da parte dele, pelo facto de a querer dominar.

A Ana confiava tanto no Miguel que nunca lhe tinha perguntado sobre as contas domésticas, nem como ele ganhava tanto dinheiro. É lógico que quando ela fazia essas perguntas ele ficava muito irritado. Então, para evitar zangas e discussões, ela continuava a aproveitar a boa vida.

Ele teve sempre o hábito de olhar para outras raparigas, desde que eram namorados. Esse problema nunca terminou, nem mesmo pelo facto de ela ser linda e inteligente, e assim que ele teve uma oportunidade, foi-lhe infiel, apesar das advertências dadas pelos líderes espirituais.

Depois desta situação, eles receberam muitos conselhos

sobre a vida matrimonial e financeira, mas os conselhos entraram por um ouvido e saíam pelo outro. Sofreram muito, mesmo sendo um casal com muitos dons e talentos dados por Deus. Só de pensar em tudo o que eles tinham ao seu alcance, sinto até uma certa tristeza, porque se eles tivessem obedecido, hoje seriam muito, muito prósperos. Porém, quando as pessoas, independentemente do âmbito da vida, decidem agir errado e deixar Deus de lado, e não dar valor aos bons conselhos, já não há saída.

De acordo com a palavra de Deus, Satanás tem vantagem quando ganha espaço, porque ele atua com maquinações.[3]

Ele trabalha para destruir o que Deus quer construir. É por isso que não podemos permitir que o inimigo use as nossas emoções contra nós.

3 Ir 2 Corintios 2:11.

Antes só do que mal acompanhado?

A solidão traz-nos um sentimento de vazio que às vezes se torna insuportável, gera angústia e uma certa ausência. Talvez tenha estado muito tempo com a mesma mulher, talvez tenham sido muitos anos de vida em comum, só que hoje sente que alguma coisa está errada. Sejam as discussões ou o silencio incómodo entre os dois. Mesmo assim, continuam juntos, porque apesar de tudo "mais vale o bom conhecido que o mau por conhecer", não é verdade? Porque sabe que o amor vai voltar, porque estiveram juntos nos bons e nos maus momentos e imaginou o resto da sua vida com ela.

A natureza do homem é de se apegar a pessoas que talvez não sejam para ele, porque ele está à procura do amor que lhe falta. E se estiver solteiro, essa situação é produto das experiências do passado e das pessoas que passaram pela sua vida, as que já não estão, e as que continuam aí. Algumas ajudaram-no a ser mais forte, outras, mais vulnerável.

Dizem que com a distância nos esquecemos das pessoas que amamos, só que por mais que tentemos apagar da nossa mente aquelas pessoas por quem tivemos algum sentimento é muito difícil esquecê-las. Então, temos que aprender a guardar as coisas boas e a esquecer as coisas más. É bíblico.

Tenha a iniciativa de
receber as bençãos
que Deus tem
preparadas para si.
Permaneça firme.

O DIVÓRCIO NÃO É APENAS SEPARAÇÃO

"As aventuras amorosas não deixam de ser apenas aventuras, com prazo de validade. O homem volta sempre ao seu porto seguro, à sua mulher".

O divórcio não é uma mera separação. É desunir o que esteve unido. A Bíblia diz: *"Portanto, o que Deus uniu, ninguém separe"* (Mateus 19:6).

O matrimónio foi estabelecido por Deus como algo permanente que tem por base a sociedade. É o Diabo quem sempre nos faz notar as falhas e defeitos do nosso cônjuge. Traz pensamentos negativos sobre o outro, induz o ciúme, planta suspeitas e o pior de tudo, faz com que o homem ou a mulher pense que poderiam estar melhor com outra pessoa.

Muitos homens divorciam-se porque se decepcionam com a mulher com quem se casaram. Não compreendem que têm que cultivar essa mulher, que não podem deixar de lado o romantismo, mas que devem encontrar outra forma de amar. Por outras palavras, devem reinventar-se cada dia. Devem ter em mente que ela é a prioridade com quem têm que passar a maior parte do tempo. É por isso que o namoro é tão importante, porque é a etapa prévia ao casamento, e é nesse momento da vida ue se escolhe o companheiro ou companheira com quem vai partilhar o resto da vida.

Lembro-me de um jovem que nos pediu conselhos acerca de casar-se ou não com uma rapariga. E nós perguntávamos-lhe por que se vai casar com ela sem ter a certeza, ele deu como resposta "para não ficar sozinho". Lamentavelmente, alguns cristãos preferem casar-se com um não cristão só para não ficarem sozinhos. O lógico seria casar-se com alguém que se goste e com quem tenhamos uma boa relação, e não para suplantar a solidão. Caso contrário, a vida será de sofrimento e tristezas.

A minha experiência diz-me que quando a pessoa correta chega à nossa vida é um momento maravilhoso, porque isso é a garantia de que essa pessoa é a pessoa certa e a adequada. Segundo Coríntios 6:14 diz:

> *Não se ponham em jugo desigual com descrentes.*
> *Pois o que têm em comum a justiça e a maldade?*
> *Ou que comunhão pode ter a luz com as trevas?*

Esta é uma advertência séria sobre um casamento entre um cristão com um incrédulo.

É o exemplo do jugo, uma peça de madeira que era colocada entre dois animais para que trabalhassem juntos no campo. Era preciso juntar dois animais de tamanho e força igual, porque se fossem diferentes, ambos iam sofrer.

A mesma coisa acontece se um fiel se casa com um incrédulo, é provável que tenham muitos problemas. E o pior, seria uma defraudação para a vida inteira se o cristão não ajudasse o outro a conhecer Deus de forma verdadeira. É por isso que o Apóstolo Paulo em 1 Coríntios 7, faz tantas recomendações aos casados e aos que estão para se casar, sejam solteiros ou viúvos. Porque o cristão pode casar-se *"...com quem quiser, contanto que ele pertença ao Senhor."* (1 Coríntios 7:39). Quem ama a Deus e à sua Palavra, como poderia viver com alguém sem compartilhar essas coisas? Não é verdade?

O casamento é uma combinação de dias muito bons com outros menos bons. Com Deus a imperfeição torna-se singular. Existem momentos de alegria, de dor, de zangas, e é isso que faz com nos possamos sentir plenos e capazes e esboçar um sorriso quando a tormenta passa.

TODAS AS QUALIDADES QUE ENCONTRAMOS NO SER HUMANO TÊM A VER COM A IMAGEM E SEMELHANÇA DE DEUS NELE.

Quando a mulher é libertada e curada por Deus, ela consegue, com facilidade, agradar o marido. Esse é o propósito do casamento.

É natural que a mulher queira respeitar e agradar o marido, porque ele é o seu representante perante Deus. Ele é o seu protetor, é o sacerdote dentro do lar. E isso tem que ser valorizado pelo homem e ele tem que se preocupar em ensinar a sua mulher. É necessário ter em conta que nunca nada será suficiente para ela, que ela vai pedir sempre mais, porque a mulher é assim.

Ter um casamento é ter alguém em todas as etapas da vida de adulto, alguém de carne e osso, e que em muitas ocasiões nos faça olhar para cima e dizer: "Deus, o Senhor é o único que pode com todas as coisas". Ambos, homem e mulher, são imperfeitos, só que somos guiados por um Deus perfeito. Glória a Deus!

. . . .

**NÓS, MULHERES
E HOMENS,
SOMOS
IMPERFEITOS,
MAS SOMOS
GUIADOS POR UM
DEUS PERFEITO.**

Por vezes, os esposos encontram-se com Jesus Cristo de forma individual e recebem a salvação, pode, no entanto, acontecer não terem dentro do casamento o seu renascimento. Pois, dão provas de serem fiéis de forma separada e não dentro do casamento.

Alguns casais necessitam nascer de novo, precisam de vida, precisam de deitar fora o lixo emocional e espiritual que esteve a acumular-se ao longo dos anos. Têm que se conquistar outra vez, acariciar a alma um do outro com palavras românticas, porque o casamento tem que ser uma união espiritual, onde cada um cumpra a função que lhe foi atribuída por Deus.

Nós, mulheres e homens, somos imperfeitos, mas somos guiados por um Deus perfeito.
O homem tem que compreender que não pode delegar as suas funções à esposa, porque isso fará com que, com o tempo, a instituição mais fundamental estabelecida pelo Senhor se deteriore. O homem, como cabeça do casal, deve estar sempre à frente, a mulher como coroa, adorna com a sua beleza tudo o que ele faz e enaltece-o perante a sociedade.

Efésios 5:28 diz que: *"os maridos devem amar cada um a sua mulher como a seu próprio corpo. Quem ama a sua mulher, ama a si mesmo"*. Fico a pensar em todos os homens que cuidam do físico e fazem de tudo para se verem bem.
Deveriam também investir nas suas mulheres para que elas emagreçam e possam cuidar do corpo. Isso faz-lhes bem.

Para Deus o casamento é muito importante. Ele ocupa-se sempre de cada um de nós de forma individual, torna-nos cada dia um pouco melhores para o outro e para a sociedade.

Maridos, amai a vossa mulher, assim como Cristo amou a igreja e se entregou por ela (Efésios 5:25).

O sucesso no casamento é a fórmula bíblica, e nós que temos um bom casamentocompreendemos, porque vivemos tranquilos. Mas o que acontece quando existem situações menos positivas que são arrastadas por anos e um dos dois tem que tomar a decisão de se divorciar? Digo muitas vezes que existem casamentos que são o céu e outros que são o inferno.

A decisão de levar a cabo um divórcio traz-nos inúmeras consequências. Quando existem filhos é ainda mais complicado. Pessoalmente, não sou partidária do divórcio, uma vez que já vi muitos casais recuperarem a sua relação com o poder de Deus, só que talvez não seja o caso do leitor, talvez já esteja divorciado.

Diante de situações de perigo e de risco de vida para um dos dois, é necessário que se separarem, porque o desejo do Senhor é que vivamos em paz e não em guerra constante. Quando uma mulher me vem consultar sobre a possibilidade de divórcio como solução para o seu casamento com problemas, eu peço-lhe que converse com uma serva do nosso ministério, que é para mim, um exemplo de alguém que tomou uma decisão excelente com o marido e que hoje tem um casamento totalmente novo.

Geralmente, a decisão de se separarem advém de casos de infidelidade ou por vícios que fazem com que o casal entre em desacordo profundo e zangas.

Duas histórias

Esta é de uma mulher que foi traída pelo marido uma só vez, a primeira noite que ele não voltou para a casa, ela não lhe deu outra oportunidade e mandou-o fazer as malas, disse-lhe que procurasse onde morar, porque ela não toleraria este tipo de coisas.

Ela, como era de esperar, estipulou regras claras no que diz respeito às visitas às filhas e relativamente ao dinheiro que deveria dar para a subsistência da família. Exigiu ainda que ele frequentasse as reuniões da igreja, completasse o discipulado e se batizasse para se afirmar nos caminhos do Senhor.

Não me parece necessário falar de como esta mulher era bela, tanto por dentro como por fora, e o facto do seu marido não ter motivos para ser infiel por falta de amor no lar.

Uma madrugada ela orava, com muita angústia, e pedia pela vida do marido. Orava pelo amor dele, para que ele estivesse mais com ela e com as filhas e que fosse à igreja. Então Deus fê-la compreender que ela não estava a fazer o pedido correto, primeiro ela tinha que pedir que ele O procurasse, que O amasse e Lhe entregasse a direção da sua vida. E só então ele a amaria, a respeitaria e se congregaria com ela e com a suas filhas.

Em pouco tempo este casamento ficou recuperado. Em apenas um mês operou-se nele uma mudança radical, que inclusive pediu conselhos a um pastor e mostrou atos de arrependimento verdadeiro.

ELE É A GARANTIA PARA O CASAMENTO, SÓ QUE AMBOS DEVEM QUERER.

Hoje em dia, esta mulher relata que Deus transformou em prazer e alegria a tristeza e a dor que ela viveu, que o Senhor cuidou do seu coração, protegeu a sua família e lhes deu um amor verdadeiro, profundo, forte e estável.

Nem ela, nem o marido esqueceram o que viveram, só que Deus foi-lhes fiel.

Uma outra mulher por quem tenho um grande apreço, suportou durante muitos anos um homem que a feriu muito. Ele era sumamente infiel e viciado em drogas. Tinham vários filhos, bons trabalhos, só que ele fazia a vida da esposa impossível. Partia móveis, paredes, a polícia teve que intervir várias vezes, tiveram questões legais para resolver a questão do sustento dos filhos e vários outros problemas. Os problemas eram tão graves que ela recebeu a legalização no país com um visto especial dado a pessoas em situações de risco e maus tratos.

Foram anos de luta para ela. Deus falou com o marido de mil formas diferentes. Certa vez, na igreja, recebeu uma palavra através de um profeta, Deus adverti-o para que mudasse, caso contrário iria perder a vida. Durante algum tempo ele compareceu aos serviços, por temor à palavra recebida e, mais tarde, renovaram os votos matrimoniais com uma festa.

NADA MOTIVA MAIS O SER HUMANO DO QUE SE SENTIR AMADO.

Estávamos muito contentes com esta grande mudança, mas em menos de um ano ele voltou a abandonar o seu lar, ausentando-se durante doze meses. Quando ia embora, ela tinha que procurar trabalho com urgência, porque ele não enviava dinheiro para o sustento dela e dos filhos. Quando ele voltava, obrigava-a a renunciar aos seus trabalhos para que estivesse o tempo inteiro em casa.

Ela nunca lhe foi infiel, é das pessoas que mais almas encaminha para o Reino e nunca faltou a um serviço. É muito bonita, cuida-se muito e tem um belo corpo. Veste-se bem, só que de forma discreta e é muito espiritual.

Durante as conversas de aconselhamento que tivemos, dizíamos-lhe que ela tinha que procurar a assistência das instituições, porque a vida dela estava em perigo. Ela não conseguia decidir-se e continuava a suportar tudo o que o marido lhe estava a fazer. Este tipo de relacionamento é o que podemos chamar de um relacionamento doentio.

Certo dia, tudo saiu dos limites e ela decidiu divorciar-se legalmente. Ele nunca se importou com a família. O pai era igual e história repetia-se, por mais que Deus lhe tivesse dado várias oportunidades, ele nunca quis mudar.

Na minha opinião, ele nunca deveria ter casado, não era um homem para ter uma família, porque ele vivia como se fosse um homem solteiro.

Todos sabemos que a mulher pelos filhos é capaz de fazer qualquer coisa, mesmo salvar um casamento que nunca existiu. Por isso, durante todos estes anos pude ver vários casos iguais a este.

Existem ocasiões em que o amor-próprio deve ser firme e é necessário aprender a decidir.

As aventuras amorosas não deixam de ser apenas aventuras, com prazo de validade. O homem volta sempre ao seu porto seguro, à sua mulher. Alguns homens que se divorciaram reconhecem que nunca houve outra mulher como a primeira esposa.

Um casal que estiver prestes a divorciar-se tem que se colocar nas mãos de Deus, Ele faz tudo outra vez. Uma coisa nova é algo que se regenera, algo que entra num novo génesis, num novo começo.

Tudo o que estiver relacionado com a vida vem de Deus. Ele é a garantia do casamento. Só que a vontade tem que ser de ambos, não pode ser de um só. Pois é hábito dizermos : "que fazem falta dois para dançar um tango".

Uma coisa ótima está a levantar-se sobre o horizonte da sua vida e do seu casamento.

Enquanto houver vida, Deus estará connosco. Olhe para a frente! Deus sabia tudo o que se ia passar com ele e, mesmo assim, não perdeu a esperança em nós. Ainda existe uma oportunidade para salvar o seu casamento.

O HOMEM, PROVADO OU APROVADO?

7

"A mulher põe o homem sempre à prova de forma subtil. Lembre-se: ela precisa de segurança, precisa de um homem que tenha as coisas claras"

As mulheres são únicas, estão sempre a pôr os homens à prova. São subtis, imprevisíveis e extraordinárias nessa arte, porque não querem ter dúvidas sobre o homem que escolheram. Elas precisam de saber se o homem é confiável, alegre, seguro, inteligente e se tem dinheiro. E se for o caso, é necessário que tenham ainda personalidade e caráter. Querem ter certeza do homem que escolheram.

Quando os dois são jovens o dinheiro não interessa, tenho a certeza disso. Aos 20 anos as ilusões são tantas que a única coisa que importa são esses momentos juvenis, estarem juntos, veremse, andarem de mãos dadas e concretizarem no casamento esse momento idílico que é o namoro.

Mas com o passar dos anos isso muda, a mulher põe o homem à prova de forma subtil. Lembre-se que a mulher precisa de segurança, precisa de um homem que tenha as coisas claras. Muitos homens comportam-se como crianças, são teimosos, instáveis e inseguros.

Gostei muito de um ensinamento que o meu marido deu aos homens sobre o papel do homem como sustentador. Quem sustenta é quem preserva, quem cuida e é quem mantém alguém ao longo dos anos.

O homem ao casar-se com uma mulher, depois da festa, para cumprir a tradição, deve carregála nos seus braços. Com o passar dos anos, parece que ele não consegue tirar essa foto outra vez, só que é assim que Deus quer que ele atue, como aquele que carrega a vida da sua amada esposa nos braços.

Isso obriga-o a manter a paz espiritual. A sua força complementa a debilidade da esposa. E é o apoio com o qual a mulher pode relaxar, porque sabe que ele a defenderá. De quem? Muitas vezes dos próprios filhos.

É assim, por mais subtil que seja a mulher, muitas vezes, os filhos são especialistas em separar a mãe do pai. Quando são pequenos através das teimosias e quando crescem pelas opiniões que têm.

Agora, tudo o que Deus deu ao homem *"e eis que era muito bom"* (Gênesis 1:31). Gosto muito do conceito real de que antes de Deus dar uma esposa ao homem, Ele deu-lhe trabalho. O trabalho é o meio através do qual o homem se realiza, não é uma maldição e permite também que ele seja o esposo que Deus quer que seja:

> *Termine primeiro o seu trabalho a céu aberto; deixe pronta a sua lavoura. Depois constitua família. (Provérbios 24:27).*

Dito de outra forma, o homem deve perguntar-se se está preparado para ser esposo.

No trabalho o homem põe em prática todos os dons dados por Deus para ser o sustento financeiro da casa. Pois, a função real e principal do homem é essa. Foi o que Deus estabeleceu. Se o homem não cumprir com essa função, a Bíblia diz que é *"pior do que um descrente."* (1 Timóteo 5:8).

Além do mais, sejamos sinceros, os lares devem ser liderados pelo homem. Existem homens que não querem ser fracos, porque seriam tratados como marionetas, nem muito rudes, porque seriam odiados. Deus diz aos homens *"sejam sábios no convívio com as suas mulheres..."* (1 Pedro 3:7). A palavra convívio deriva de uma palavra grega que significa "formar um lar de acordo com o entendimento e a compreensão".

A FUNÇÃO PRINCIPAL DO HOMEM É SER O SUSTENTO DA CASA.

É por isso, que como dissemos antes, a maior frustração do homem é não entender, nem compreender a mulher.

Homem, você tem que conhecer a sua personalidade. Colocar-me-ei de exemplo para que possa fazê-lo com a sua futura esposa.

Sou uma mulher de família italiana, então a minha primeira característica é ser conservadora.
Isso ajuda-me muito, porque, se eu tenho que me definir a mim mesma, defino-me como comunicadora, faceta que coloquei em prática ao serviço da Igreja, e que me foi de muita utilidade quando era oficial na Corte Federal.

Em alguns momentos tive que aprender a calar-me para evitar problemas, porque sentia-me sempre a "sabichona" e nem sempre tinha razão. Então, tinha que me arrepender e compreender que não era a única que sabia tudo em casa e no trabalho.

• • • • • • • • • • •

QUAL É O OBJETIVO DO HOMEM? CONHECER OS PONTOS FORTES E OS PONTOS FRACOS DA MULHER.

Gosto da atitude que o meu marido tem quando eu cometo um erro ou falo demais, ele deixa passar... ele deixa passar várias coisas insignificantes. E isso ajuda o nosso dia a dia. Eu valorizo-o muito, é bom que o meu marido seja perfeito. Para mim, ele é o máximo, nunca deixa de me surpreender, e é claro, que eu também o surpreendo a ele.

O meu marido é um homem aprovado.

A mulher adora sentir-se cuidada, adora que os olhos do marido procurem constantemente os seus, que ele observe o que ela está a fazer e se ela está a precisar de ajuda. Por isso, o homem deve estar atento a estes aspetos, deve ser cuidadoso, observador nos detalhes do seu ambiente familiar e deve estar preparado para suprir todas as necessidades. A mulher tem que descansar, e saber que o seu homem se encarrega de planear e traçar as metas para a família nos próximos anos.

*Um homem com
visão no coração
nunca erra.
Existem paixões,
que geram poder:
o verdadeiro poder
de Deus, que põe
uma forte
autoridade e
perfeição em tudo
o que faz.*

Um homem que tem
a palavra de Deus na
vida é um homem
de palavra, que
cumpre com o que
promete. Não
teme o fracasso
porque tem a
palavra de Deus
a guiar a sua vida.

AS MULHERES FAZEM OS HOMENS SOFRER

8

"Alguns homens sofrem durante anos sem dizer nada às suas mulheres, o que é muito prejudicial, se eles conseguirem ser sinceros e comunicarem os seus sentimentos, o amor entre ambos será mais forte".

Durante a minha experiência como conselheira para mulheres, notei que muitas vezes elas fazem os seus homens sofrer.

Quando a mulher se transforma num detetive privado do marido e do mundo dele, esquece-se que ela também tem os seus "pecadinhos escondidos". Sempre que vieram denunciar o marido ou o futuro marido, foi por sentirem que já não podiam confiar plenamente nele.

A verdade é que a era da tecnologia e dos telemóveis em que vivemos torna-nos a vida mais fácil, mas também pode trazer um mar de problemas e zangas para os casais (seja a pornografia, amizades ilícitas, etc.).

Existem estudos que comprovam que as redes sociais foram criadas para viciar e para proporcionar um sentimento de bem-estar na mente das pessoas que as utilizam. Este fato foi relatado aos jornalistas por um dos cinco fundadores do Facebook, salientando a vulnerabilidade que as redes produzem na mente das pessoas.

Lembro-me da história de uma jovem influencer que tinha uma conta no Instagram com mais de um milhão de seguidores. Publicava fotos com o namorado das viagens que fazia pelo mundo, dos restaurantes que frequentava, da roupa moderna que vestia, e era também no Instagram que ensinava novos estilos de maquilhagem. As pessoas publicavam mensagens de carinho, o que fazia com que aumentasse a autoestima da sua pessoa. Não há nada mais motivador para o ser humano do que sentir-se querido e saber que os outros se importam com as nossas coisas.

Contudo, quando lhe perguntaram se ela era feliz com tantos seguidores, ela respondeu que era tudo uma farsa, que sentia um vazio existencial tremendo, que o namorado lhe era infiel e que a sua biografia não tinha nada a ver com o que ela publicava nas redes sociais.

O que a tinha então tornado tão viciada nas redes sociais e sempre tão dependente das opiniões alheias? Eram as mensagens de apreço que lhe deixavam: "amo-te, és única", " motivasme ", "és linda", etc.

Não há dúvida de que a beleza se manifesta de várias formas, e que para o homem, tudo entra pelos olhos. Apesar disso, a verdadeira beleza é a interior. É essa beleza que faz com que a mulher seja valiosa para Deus, e é a que fará com que ela também seja importante para o marido.

Um homem fiel é um homem de apreço, de valor incalculável, porque é um homem de palavra que não irá magoar a mulher que ama e cujas gerações futuras serão também fiéis.

Na vida colhemos sempre o que semeamos. Existem mulheres que não perdoam os homens. Se não perdoamos, no futuro, quando tivermos que ser perdoadas, é provável que não nos perdoem com facilidade, e isso é muito triste e doloroso.

Também existem mulheres que vivem em relações e experiências negativas durante anos e acostumam-se à dor. Deus diz:

> Finalmente, irmãos, tudo o que for verdadeiro, tudo o que for nobre, tudo o que for correto, tudo o que for puro, tudo o que for amável, tudo o que for de boa fama, se houver algo de excelente ou digno de louvor, pensem nessas coisas. (Filipenses 4:8).

Todas as vidas são importante para Deus, porque ele deu a vida Dele por nós.

O homem perfeito é um homem maduro, que confessa os seus pecados, que se arrepende, e que não os comete de novo. É um homem que não luta contra um pecado que não foi confessado a Deus e que mantém o coração sempre limpo.

Lucas 18:11 diz que os homens *"em pé, oravam no íntimo"*.

O que fala de uma comunicação sincera com o Senhor será libertado das dores e do abatimento. Manter o coração puro permitirá que a graça divina flua na sua vida. Assim, o homem poderá partilhar a misericórdia recebida por Deus com os outros.

Da graça recebemos e da graça damos. Na verdade, existem pessoas, homens e mulheres, que nunca agradecem. Apercebo-me que isso acontece por culpa da rejeição. As pessoas que foram rejeitadas, principalmente durante a infância, acham que todos lhe devem alguma coisa. Manifestam que tiveram uma vida injusta, que não viveram o que mereciam ter vivido, e culpam Deus por esta situação.

Há uma história bíblica que ilustra muito bem a rejeição. É a parábola dos dez leprosos.[4] Tratase da história de dez homens que tinham uma doença horrível, a lepra, e que tinham uma vida miserável, por isso, eram rejeitados pela sociedade. Então, Jesus curou-os, e só um voltou para Lhe agradecer e esse foi salvo. Jesus gostava que eles tivessem agradecido, por isso perguntou pelos outros nove, mas estes não regressaram.

4 Ver Lucas 17: 11-19.

É muito importante estar agradecido. Em primeiro lugar a Deus, e diariamente a quem nos acompanha no nosso caminho. Já agradeceu tudo o que tem?

Marimar não era uma mulher difícil, pelo contrário, era dócil, e até um pouco tranquila demais, era uma mulher passiva. Teve quatro filhos com o marido e nunca o conseguiu chamar à atenção. Ele fazia dela o que queria.

Saía com outras mulheres, exagerava com a bebida e, muitas vezes, conduzia bêbado, o que era um verdadeiro perigo. Além disso, gastava o dinheiro que ganhava em bebida e em mulheres e deixava a família a passar necessidades.

Não lhes faltaram conselhos, nem ajuda. A vida deles era um ir e vir, só que ele nunca mudava.

Reparem na forma como eu comecei por descrever Marimar: dócil, tranquila e muito passiva.

Hoje, eles estão como muitas outras vezes, temporariamente separados.

Ela com a sua forma de ser e de atuar, sem lhe impor limites está a fazer a sua família sofrer. Por que motivo estou eu a dizer isto?

UM HOMEM FIEL É MUITO PRECIOSO E TEM UM VALOR INCALCULÁVEL, PORQUE É UM HOMEM DE ALIANÇA.

Como é óbvio, não sou a favor dos maus tratos na mulher, muito pelo contrário. Só que algumas situações são resultado da falta de limites. Somos responsáveis pela forma como os outros nos tratam, e a indiferença da mulher pelo homem é uma forma de fazê-lo sofrer. É óbvio que eles não eram assim quando se casaram.

A natureza do homem é reagir, então a mulher deve tratá-lo com sabedoria, porque ele também precisa que o escutem e que o valorizem. As críticas permanentes, as chacotas em público para contar os erros que ele comete constantemente, por mais engraçadas que pareçam, não são boas. E se ele sai de casa para trabalhar e ela fica em casa a cuidar dos filhos, ela deve agradecer o cheque que ele traz e lhe entrega todos os meses.

85

O homem sofre com a independência exagerada da mulher. Ele já mora no seu próprio mundo, com grandes obrigações e responsabilidades e precisa de palavras de gratidão e de reconhecimento. O homem depende emocionalmente e psicologicamente da mulher, pois está sempre à procura da sua aprovação, e é por isso que ela deve consultá-lo e contar-lhe tudo, até mesmo no que fazer com as crianças.

*Alguns homens
sofrem durante anos
sem dizer nada às
suas mulheres, e isso
é muito prejudicial,
se eles conseguirem
ser sinceros e
comunicarem os seus
sentimentos, então,
o amor entre ambos
será mais forte.*

O QUE É QUE A MULHER PRECISA DO HOMEM?

9

"O machismo não apaixona ninguém, é uma ideia ultrapassada. Lavar um prato, ajudar na cozinha é maravilhoso. São atitudes de serviço. As mulheres apaixonam-se pelo homem serviçal"

Aqui entramos num assunto prático, real e necessário: saber o que é que a mulher precisa do homem, se bem que somos todos iguais no que diz respeito às coisas que precisamos. O homem tem que compreender que para a mulher é vital sentir-se amada. Para lhe demonstrar o seu amor por ela, tem que passar mais tempo com Deus e mais tempo consigo.

Os seus pensamentos devem estar nutridos pela Palavra de Deus, assim, tudo o que a sua boca disser está fundamentado pela Palavra, justamente porque a Bíblia diz: *"Porque, como imaginou na sua alma, assim é;"* (Provérbios 23:7).

Procure um lugar tranquilo e louve a Deus com cânticos, com salmos e com hinos espirituais. Louve a Deus. O louvor é poderoso. Ele libertou-o, e você também pode ser libertado.

Então será mais fácil amar, porque o amor de Deus é derramado nos nossos corações.

O homem é conquistador por natureza. Quando ele conquista a mulher sabe que já não precisa de fazer o esforço que fazia, pois sente-se confortável, sabe que a tem, e que ela está ali para ele. E o encanto, o fogo e a paixão esfumam-se.

• • • • • • • • • • • •

COMO SE CONSEGUE ESTAR TANTOS ANOS COM A MESMA MULHER? CONSEGUE-SE COM UM TOQUE DE SEDUÇÃO CONSTANTE E QUANDO SE É IMPREVISÍVEL.

Como se consegue estar tantos anos com a mesma mulher? Consegue-se com um toque de sedução constante e quando se é imprevisível. Ter sentido de humor e muito respeito mútuo são ótimos ingredientes.

Os assuntos devem ser sempre conversados, esclarecidos sem rebaixar o próximo. Tente: "Olha, não gosto de tal pessoa, tem cuidado".

É sempre melhor colocar os limites com amor.

A mulher sente-se amada quando é ouvida com sentimento, ou seja: "Eu sinto a tua dor" ou "A tua alegria alegra-me". A mulher sente-se amada quando o homem a orienta, a ama e está de mãos dadas com ela.

Quando o homem apresenta a mulher, ele deve fazê-lo com orgulho: "a minha esposa", "a minha namorada".

O serviço apaixona a mulher. Quando o homem diz:

"Deixa, não te levantes que eu levo". É uma bonita atitude.

O machismo não apaixona ninguém. Isso é uma ideia do passado. Lavar um prato, ajudar na cozinha, é maravilhoso. São atitudes de serviço. As mulheres apaixonam-se pelo homem serviçal.

Se puser isso em prática, quando quiser, terá um bocadinho de tempo para o futebol, para ir pescar ou caçar, e ela não terá nenhum motivo para não estar de acordo.

A mulher gosta que o homem seja romântico, que seja doce e que fale com delicadeza. O homem deve conhecer a sua natureza e deve saber que as hormonas femininas mudam num determinado momento do mês.

Talvez isto faça de si o último romântico, do género daqueles que abrem a porta do carro, que andam de mãos dadas ou que acariciam os cabelos da mulher. Tenha gestos e atitudes, ponha a vergonha de lado, e isso vai trazer-lhe melhores momento de intimidade com a sua esposa.

O olfato da mulher é muito mais aguçado do que o do homem, e não há nada melhor para o romance do que cheirarmos bem ao outro. Isso atrai de maneira poderosa a mulher, muito mais do que a beleza física.

Surpreenda-a com uma saída a dois. Se quiser ir a um restaurante, faça as reservas e escolha um lugar diferente para os dois, sem as crianças. E é ainda melhor se levar um presente de surpresa. Diga-lhe como estava ansioso por esse momento, diga-lhe que ela está bonita, tire fotos com o telemóvel e tenham uma conversa agradável recordando os bons momentos juntos.

Tudo isto soa bem, não é verdade? Então por que não fazer mais vezes? Não é necessário muito dinheiro. Podem comer um gelado, caminhar, tomar um café juntos! Os dois sozinhos, para continuarem a fazer tudo o que faziam no namoro, quando estava a conquistá-la. Naquele tempo, com certeza, não aparecia a cheirar a óleo de mota, não é verdade?

Outro aspeto para ser levado em consideração é o facto de que as mulheres podem sentirse ou não realizadas, dependendo da etapa da vida em que se encontram. Exemplo desta situação é uma mulher que conheço, que hoje está só, e mesmo assim nunca se sentiu tão realizada como neste momento.

Não significa que ela não se sentisse realizada como mãe e como esposa. Acho que atualmente ela está a descobrir a sua verdadeira identidade, o seu verdadeiro eu.

Está no auge da sua espiritualidade, e isso coincide com o fato de que as mulheres nem sempre precisam de um marido ou de ter alguém ao seu lado, em primeiro lugar, é necessário que a mulher se sinta realizada como pessoa e depois, por acréscimo, será uma bênção para o esposo, para os filhos e para quem estiver à sua volta.

Então, é necessário que a ajude a atingir esse potencial e a atingir os seus sonhos.

Lembro-me que quando estudava para passar nos testes para subir na minha carreira judicial, o meu marido foi quem me ajudou. Ele não só cuidava dos nossos três filhos, como também quando eu chegava a casa do trabalho, já tinha feito tudo: roupa lavada e passada, a casa limpa e as crianças de banho tomado.

Qual é que acham que foi a recompensa dele? O meu respeito, agradecimento e admiração e, como é óbvio, momentos de intimidade extraordinários e de qualidade. Isso uniu-nos e fez o nosso matrimónio inquebrável.

Agradeço a Deus por nunca termos falhado no aconselhamento de tantos homens e mulheres, pois tivemos mais famílias recuperadas do que fracassadas.

AJUDE-A A ATINGIR O SEU POTENCIAL MÁXIMO.

Por outro lado, entendi que existem mulheres com um passado, e que depois que se encontram com Cristo, as suas filhas – e principalmente as suas filhas– vendo a sua antiga vida, decidem afastarse do Senhor e repetem o padrão de conduta das mães.

Então, se estiver no caminho do Senhor, a mudança deve ser radical, caso contrário, os filhos repetirão o que fez quando estava no mundo. Por isso a frase: se os filhos não forem melhores do que você, em vão nasceram e em vão foram criados.

Os pecados sexuais de um homem ou mulher cristão são ainda piores, porque as pessoas reparam mais no que um crente faz do que naquilo que ele diz.

Este é o momento de compreender que com Deus não se brinca. Não podemos brincar com ele.

*Cuide com zelo
aquilo que Deus lhe
deu. Cuide da sua
mulher, porque assim
também cuidará do
seu legado, da sua
descendência e do
seu futuro.*

QUANDO A MULHER TEM CIÚMES DO HOMEM

10

"Os ciúmes são obra da carne e de uma mente não renovada. Uma imaginação saudável não tem imagens negativas de ciúmes".

Talvez se surpreenda com isto, mas eu considero positivo sentir um pouco de ciúmes. É sinal de que a outra pessoa se importa connosco. Agora, quando esse sentimento se torna obsessão, significa que existe medo de perder o outro.

A Bíblia diz que Deus é um Deus ciumento. Os homens gostam de dizer que a mulher é só dele, e isso é um ciúme normal. Pois ele sabe que ela lhe pertence. Agora, quando é a mulher que tem ciúmes do homem, esses ciúmes são, de certa forma, por insegurança, desconfiança, ou por medo de ser traída.

Também é certo que algumas atitudes de certos homens despertam ciúmes nas mulheres, só que os homens não o fazem de propósito. O passado do homem provoca sempre ciúmes na mulher, porque ela quer ser exclusiva na vida dele. Ela tem medo e imagina coisas que não são reais. É aí que aparece o sentimento de perda.

Certo dia, uma mulher encontrou um cabelo loiro no cachecol negro do marido, e então começou a segui-lo com o carro. Primeiro até o escritório, depois até ao bar onde ele todos os dias tomava o seu cafézinho, depois vê-o a sair de uma loja, a entrar numa florista e a comprar um ramo de flores.

Logo após, vê que ele entra na casa de repouso onde se encontra a sua mãe, doente. Não é necessário mencionar que ela contou isto a toda a gente: à amiga, à colega de trabalho, etc. Ela anda sempre a contar estas coisas. E os ciúmes consumem-na.

TRABALHE TAMBÉM A SUA AUTOESTIMA, AJUDE-A A SENTIR-SE LINDA E VALORIZADA.

Afinal, o cabelo loiro era da mãe dele, que ele tinha escovado com muito carinho no dia anterior, o ramo de flores era para a mãe dele, porque era o dia das mães e ele queria homenageá-la. Que história, não é verdade?

Então, lembre-se disto: a mulher tem necessidade de saber os detalhes de tudo o que o homem faz. Se o homem partilhar com ela o seu dia a dia, vai ficar livre de muitas dores de cabeça.

De outra forma, as coisas complicam-se e ficam fora do controlo. Então, como homem tem que lhe dar segurança e proteção, para que ela se sinta exclusiva, caso contrário, ela escolherá a manipulação e o controlo, e você vai sentir-se cercado.

Com a manipulação vai responsabilizá-lo de coisas que não fez e como não compreende a atitude dela, pergunta-se: "Onde é que eu errei? Será que disse algo que a magoou?"

E o pior é que a única resposta que recebe é: "Acho que já sabes ...".

Com amor e paciência terá que acalmar a ansiedade da sua esposa e fazer o que for possível para tranquilizá-la e dar-lhe segurança, demonstrando-lhe que está sempre presente e que não a abandonará.

Procure ser o seu confidente, deste modo, ela sabe que pode conversar sobre qualquer coisa consigo, porque ela tem a sua atenção. Concentre-se no que ela lhe diz e não se responsabilize por uma coisa que não fez, nunca assuma culpas alheias.

Por que motivo a mulher é tão ciumenta? Ela é assim porque sente que o seu homem já não se importa com ela, que já não disfruta da sua companhia, ou talvez possa sentir-se mal por não saber ficar sozinha. Por isso, ela não consegue partilha-lho com ninguém, nem sequer com a sua mãe ou com a sua irmã.

Um músico que eu conheço, uma bela pessoa, um jovem bem talentoso e muito educado, comporta-se com as irmãs da Igreja de maneira bem diferente dependendo se está ou não com a mulher, inclusivé nos ensaios. Ele, muitas vezes, não as cumprimenta por ordem da sua esposa. Que difícil! Não é necessário dizer que ele não é um jovem muito feliz.

É por isso e por outras coisas, que o homem tem que ser sempre sincero com a sua mulher, sem magoá-la, para que ela lhe possa confiar os seus medos e segredos mais profundos e jamais a traia.

Trabalhe também com ela a autoestima, use palavras, gestos, abraços e beijos que a ajudem a sentir-se linda e valorizada.

Não permita que ela se martirize. Se ela manifestar ciúmes por acontecimentos do seu passado ao projetar esses sentimentos no presente, de forma suave e tranquila, demonstre que ela nem sempre tem razão.

Por vezes, a mulher pode sentir ciúmes inesperados, sem querer, e reagir com raiva, com olhares cínicos e com acusações sem fundamento.

O que fazer então? O primeiro passo é orar para encontrar paz e refúgio nessa tormenta de sentimentos. E depois, encontrar o momento certo para conversar, por exemplo: "Sabes, o que me fizeste feriu-me". Procure que a outra pessoa possa entender como se sentiu naquele momento. Não seja nem sarcástico, nem exagerado.

Os ciúmes são obra da carne e de uma mente não renovada. Seja razoável. Uma imaginação saudável não tem imagens negativas, de ciúmes. A melhor saída é sempre o diálogo, só que tem que ser na hora certa e com a presença do Espírito Santo entre ambos. Os dois devem estar sempre à procura de agradar a Cristo. Quando isto acontece, perdoar passa a ser uma coisa natural.

Li este comentário da June Hunt no livro que ela escreveu *"A inveja e os ciúmes. Domando os indomáveis"*.

> *"Orar pela pessoa que me causa ciúmes ou inveja é a chave que abre as portas da prisão. Quando eu estive presa na prisão dos ciúmes, a minha única esperança de liberdade era a oração, orar por quem era a causa dos meus ciúmes. Quando "orei*

pelo meu inimigo", Cristo libertou a prisioneira e essa prisioneira era eu!".

O que é seu nunca se irá da sua vida, nem por motivo algum lhe será tirado. A única coisa que tem que fazer é inclinar o seu coração a fim de ter a sensibilidade para fazer o que é bom e correto.

Não é correto sentir ciúmes, pois isso leva uma pessoa cometer muitos erros, por isso, deve orar para se libertar. O resultado será dar outro valor à sua vida, ainda mais quando o amor Ágape for derramado sobre si, este amor que não é nada mais nada a menos do que o amor de Deus.

O Amor Ágape
é aquele que
procura sempre
o bem alheio e
que espera
tudo de Deus
e não dos outros.
Extraordinário!

É MAIS FELIZ QUEM AMA MAIS?

11

"Quem ama mais tem um conceito elevado acerca dos outros, Resgata o que é bom e deixa de lado o que é mau Deixa que as pequenas e difíceis situações passem, E concentra-se mais nas virtudes do que nos defeitos alheios"

É melhor dar que do que receber. Ao ouvir esta frase pensamos que, como homem, tem que estar disposto a dar.

Muitas vezes, ao ver o percurso da minha vida matrimonial, posso dizer que tanto eu quanto o meu marido estamos habituados a dar. Considero que ao gerar o amor não há outra opção a não ser dar, porque o amor tem que fluir e ao libertar esse amor na vida de outra pessoa, vai gerar mais amor nos outros.

Então, se pensarmos que é mais feliz quem ama mais, e os dois amamos com intensidade, podemos dizer que ambos somos felizes. E se ainda por cima temos Deus, é extraordinário, porque a Palavra diz que *"Deus derramou o seu amor nos nossos corações"* (Romanos 5:5).

Imagine a força, sinto que o espiritual é parte de ambos, o que gera uma união ainda mais forte.

É uma união espiritual formada pelo modelo celestial: Cristo, esposo e esposa. Isso é estar no Senhor. Fora deste círculo não há sucesso, porque Deus é amor e a sua essência e o seu amor chega a cada um de nós ao aceitá-lo nas nossas vidas.

O amor é entrega. Ouvi, muitas vezes, o meu marido dizer que dava a vida por mim se fosse necessário. Soa forte, não é verdade? Eu acredito no que diz, sei que o faria, porque vejo a intensidade do amor que ele tem por mim.

Então, o amor de Deus está para nos ajudar quando as nossas forças humanas não são suficientes para alcançar o que queremos.

Quem ama mais...

• Tem um conceito muito alto acerca dos outros.

• Resgata o que é bom e deixa de lado o que é mau.

• Deixa que as situações pequenas e difíceis passem.

• Concentra-se mais nas virtudes do que nos defeitos alheios.

• Perdoa com facilidade.

• Tem uma péssima memória.

• Renova a mente de forma constante. Não se molda a um   modelo ou plano.

• Muda sempre pelo bem de si mesmo e dos outros.

• Não é uma pessoa superficial.

• Tem muita riqueza interior.

• Nutre a mente com a Palavra de Deus.

• Conhece o conceito de dignidade, então, não finge amar, em vez disso, ama de verdade.

• Tem compaixão, algo que está esquecido nestas épocas de desmerecimento e críticas.

Ter compaixão é esquecer o egoísmo e preocupar-se com os sentimentos dos outros. É a misericórdia em ação. Dizem que ninguém pode dar aquilo que não tem, por isso, se estiver a precisar de amor, peça à Deus o seu amor incondicional.

Seja feliz. Ame.
Lembre-se
que o único
amor que
não falha
é o de Deus,
porque é
eterno.
Amém.

O SOLITÁRIO QUE NÃO PRECISA DE AJUDA 12

"A ajuda, o seu salva-vidas, estava mais perto do que pensava. Deus sabia que ia precisar de alguém..."

Quantas vezes quis resolver sozinho aquele problema de eletricidade em casa e não conseguiu? E como não tinha nenhum outro homem (pai ou irmão) por perto para o ajudar, acabou por procurar na Internet.

A vida exige-nos que não cometamos erros, que façamos tudo certo. Talvez o tenham ensinado desta forma, e o seu orgulho de homem não o deixa pedir ajuda. Só que, sem se dar conta, a ajuda está mais perto do que pensa. Esquece-se que a mulher que Deus lhe deu é a ajuda idónea e adequada.

Em Eclesiastes a Bíblia diz-nos que:

> *É melhor ter companhia do que estar sozinho, porque maior é a recompensa do trabalho de duas pessoas. Se um cair, o amigo pode ajudá-lo a levantar-se. Mas pobre do homem que cai e não tem quem o ajude a levantar-se!*
> *Se dois dormirem juntos, vão manter-se aquecidos.*

Como pode manter-se aquecido sozinho? Um homem sozinho pode ser vencido, mas dois conseguem defender-se. Um cordão de três dobras não se rompe com facilidade.... (Eclesiastes 4:9-12)

Por outras palavras, se triunfar, terá alguém para partilhar o triunfo, e se fracassar terá alguém para o ajudar. O companheirismo é isso mesmo, é partilhar momentos, é falar de calor em tempos de frio e solidão.

Um homem e uma mulher resistindo juntos aos choques da vida, é poderoso.

Existem homens autossuficientes que são muito solitários. "Pedir ajuda? Achas! Isso não é coisa de homens". Ainda assim Deus está à espera que lhe peça ajuda. Por isso é que a Bíblia menciona que *"Um cordão de três dobras não se rompe com facilidade ..."* (Eclesiastes 4:12).

Porquê? Porque se tiver filhos a ajuda é maior, a sua força aumenta. Tem herdeiros que o vão ajudar e que vão estar consigo o resto dos seus dias. O homem que se apoia nos amigos... deve estar consciente de que os amigos vão e veem... agora se edificar alguém sangue do seu sangue, ele vai ficar consigo até o final e isso vai fazer ainda mais feliz a sua esposa.

Incrível! Glória a Deus!

É necessário ter apreço pelas coisas que lhe foram dadas por Deus através da sua mulher e dos seus filhos.

Aproveite a vida e viva-a com sabedoria. A Bíblia diz que existem filhos que foram gerados e que ficam sem nada,[5] porque houve insensatez e falta de prudência, porque a descendência que foi dada por Deus não foi valorizada nem levada em consideração.

5, Ver Eclesiastes 5:14

Uma coisa é certa, a mulher pode estar sozinha, Deus criou-a com essa capacidade, ela pode fazer as coisas e seguir em frente.
Claro que não é o ideal, o ideal é ter um homem que a complemente.

Porém, muitas vezes, o homem que está sozinho não pode seguir em frente, ele precisa de ajuda, e como ele não lê o manual de instruções, a mulher é quem o orienta para que ele consiga chegar onde quer.

UM HOMEM E UMA MULHER JUNTOS RESISTINDO AOS ESTRAGOS DA VIDA É PODEROSO.

Porquê? Porque que é que o homem, quando é pequeno, precisa de alguém que o ensine, alguém que seja o sua guia através do caminho da vida, precisa de Deus, porque sem Ele, seria uma pessoa incompleta. Se for jovem, aproveite agora para estabelecer um relacionamento correto com Deus, antes que os desenganos da vida endureçam o seu coração. Procure um mentor cristão, porque vai precisar de uma pessoa com conhecimento, uma pessoa que já se tenha iniciado na vida verdadeira, na vida cristã, que é uma vida permanente, e então tudo terá um significado real.

Deus quer que o homem seja ensinado, Ele sabe que o homem precisa de alguém, poissozinho não consegue. Deus quer que o homem se deixe corrigir, porque para triunfar, muitas vezes, tem que sofrer e só depois será capaz de corrigir os seus erros.

A vida não é apenas sobreviver. É compreender que existe um Deus que quer a nossa obediência para que possamos dar o nosso melhor.

PORQUE QUE É QUE É TÃO REATIVO?

13

"Se for desobediente a Deus, os seus filhos serão desobedientes consigo".

Quantas vezes se perguntou… Como foi que eu cheguei aqui? Agrido de forma verbal e física as pessoas que mais amo: a minha esposa, os meus filhos e os meus pais.

No fundo é um homem inseguro, que tem que gritar ou bater para mostrar a sua autoridade. Claro que essa autoridade é falsa, porque nunca conquistou o respeito e a obediência da sua família. Quando se comporta como uma criança mimada se não fazem o que quer fica furioso.

Quando eu prego digo sempre: "Se for desobediente a Deus, os seus filhos serão desobedientes consigo". Exige, exige e exige. Já se perguntou se está a dar algo em troca?

Ao ver um filme, vi uma cena em que o protagonista, um escritor, descobre que a ex-mulher, com quem tem um filho, se casou em segredo com o seu melhor amigo e sócio, e nunca lhe disse nada por ter receio que ele lhe tirasse o filho.

O escritor é um homem generoso, que enche a ex-esposa e o filho de luxo e conforto. Ela mora num lindo apartamento, tem vestidos de marca e uma pick up último modelo. O filho frequenta uma escola privada e mesmo separados, ele estava sempre com o filho e preocupava-se com o facto de não lhe faltar nada. Só que ao descobrir a mentira da ex-mulher, ele toma uma decisão tão forte que eu fiquei admirada.

AS MULHERES SE APAIXONAM MUITO PELO HOMEM SERVIÇAL.

Se bem que a história se passa no médio oriente, onde a cultura é bem diferente da nossa, a atitude do homem foi tirar tudo à mulher: casa, pick up, cartões e telemóvel, mas sem agressões.

Depois disto, ela foi morar com a mãe por desespero, porque pensou que ele a ia afastar do filho, mas ele não lhe tirou o filho.

Neste exemplo, vemos um homem que deu tudo pela mulher e pelo filho. É claro que ele sempre levou em consideração que ela era a mãe do filho dele, e que tinha direito a tomar a decisão que tomou.

Bem, quem ler a história poderá ou não estar de acordo com a minha opinião, porém, considero que escritor era um homem íntegro, que por amor ao filho beneficiou a ex-mulher. E pensei, "acho que ele não merecia ter sido enganado assim".

Só temos o direito de exigir algo em troca quando damos em primeiro lugar. Pedir respeito e retribuição pelo trabalho, esforço e dedicação pela família é um direito que nos assiste, mas temos também de retribuir com respeito, trabalho esforço e dedicação.

Cada casa é um mundo. E apenas os homens íntegros terão um verdadeiro lar e uma família verdadeira, com princípios de Deus e regras morais.

É por isso que deve procurar Deus e congregar-se numa igreja que pregue uma doutrina sã e então, a sua família irá consigo, porque quando um homem se congrega, acontece algo muito poderoso, já que a sua mulher e os seus filhos o seguem.

Este é um artigo que saiu num jornal digital Cristão - AcontecerCristiano.net. -que informa o seguinte:

> *"Os casais que frequentam as reuniões da Igreja juntos experienciam maior felicidade do que os que não as frequentam. Os casais que frequentam o culto ou aqueles casais em que só o homem o frequenta, são mais felizes do que os casais que não frequentam, ou ainda aqueles em que só a mulher assiste", de acordo com o estudo feito pelo Instituto da Família.*

O estudo da Instituição com o título "Melhor juntos", escrito por W. Brandford Wilcox e Nicholas H. Wolfinger, mostra-nos que 78% dos casais que frequentam juntos de forma regular os cultos, ou ainda os que apenas o homem frequenta, são "muito felizes" ou "extremamente felizes", segundo o Christian Post.

> *"Entretanto, 67 % dos casais que não frequentam a Igreja são felizes e apenas 59 % dos casais em que a mulher frequenta de forma regular os cultos são muito felizes. É evidente que quando vão juntos, essa ida vincula-se com a melhor qualidade do relacionamento", explica o estudo.*

A razão pela qual os relacionamentos onde o homem frequenta o culto são bem sucedidos, Wilcox y Wolfinger é atribuído ao Sermão.

> *"De acordo com os resultados, entendemos que a presença do homem é positiva para os relacionamentos porque a igreja é, talvez, o único lugar onde eles são incentivados a investir nas famílias", continuou o estudo.* [6]

Na nossa Igreja, na Carolina do Norte, todas as sextas-feiras o meu marido tem reuniões com os homens, nas quais estes recebem um ensino específico e revelador para que as suas vidas familiares se transformem.

6, Consulta online https://www.acontecercristiano.net/2016/02/estudio-revela-que-parejas-son-mas-felices.html?m=1)

Temos observado uma grande mudança nos homens que participam nesta reunião, e na relação deles com as esposas e com os filhos, o que confirma os estudos realizados acima apresentados.

ENTÃO, ... PODE FALAR MELHOR COMIGO...? 14

"O homem é suscetível às Palavras de admiração da sua amada. No fundo, o homem que se manifesta tímido e obstinado está a sofrer e teme".

Uma das características dos homens é guardar para si os seus sentimentos, não contam às mulheres o que lhes está a acontecer. Eles são assim, não porque não amem a sua mulher, mas porque essa é a sua forma de ser e porque, muitas vezes, enfrentam os seus próprios medos e inseguranças.

Geralmente, respondem com poucas palavras e de forma concisa ao que a mulher lhes pergunta, por muito que ela queira saber mais, ele guarda sempre algo para si, não conta tudo. E não conta tudo porque está sempre a resolver problemas.

Rio-me, mas acho que não deve ser nada fácil ser homem, com mulheres tão complicadas... comigo incluída.

Ações e alternativas

O homem, é geralmente mais reativo, e a mulher, muitas vezes, não compreende a forma como ele reage. É aqui que a mulher deve ser sábia e esperar o momento certo para falar. Os homens nem sempre querem falar, por isso, muitas vezes, é melhor permanecermos caladas.

Quando o homem está irritado, ele atua ou com uma repreensão ou põe a culpa na mulher e transfere a sua irritação para os filhos.

Lembro-me da história de um casal cristão muito próximo de nós, que estiveram no instituto bíblico durante cinco anos. Foi lá onde se conheceram, se apaixonaram e mais tarde se casaram.

Passaram-se alguns anos e o marido desse mesmo casal chegava a casa, depois de um longo dia de 8 ou 10 horas de trabalho a conduzir um autocarro pela cidade de Buenos Aires, com milhões de pessoas e automóveis, angustiado e nervoso com todo o stress que aqueles dias lhe causavam.

O marido quando entrava em casa, a esposa pedia-lhe para arrumar as coisas. E com o cansaço, o tempo passava e ele não fazia nada. Os pedidos transformaram-se em queixas e críticas. Lamentavelmente, com o tempo este casamento terminou. Atualmente, os filhos sofrem muito com os traumas que viveram.

Nestes momentos, a mulher tem que agir com fé, com poucas palavras e muita tranquilidade. Ela tem que saber como comunicar nestas situações e perceber que o melhor é estar calada e deixar que a situação acalme.

Muitas vezes, o silêncio é muito oportuno. *"A resposta calma desvia a fúria..."*, diz a Bíblia em Provérbios 15:1.

Os homens não gostam da confrontação direta. Nestas situações, o homem é rude e isola-se, ou torna-se um fugitivo e não consegue encontrá-lo. É assim, e a mulher, muitas vezes, não consegue interpretar o que acontece, porque neste ponto a comunicação perde-se.

O HOMEM É SENSÍVEL ÀS PALAVRAS DE ADMIRAÇÃO DA SUA AMADA.

E o que dizer quando ele é um cínico, tanto para esconder como para aparentar... não é verdade? Nesta situação, há que ceder e mudar a postura. Por isso a Bíblia diz: *"Apaziguem a sua ira antes que o sol se ponha, ..."* (Efésios 4:26).

Então, a mulher tem que escolher o melhor caminho para mudar a atmosfera do lar com a oração, calar-se a tempo e escolher o momento certo para falar.
E você, homem, deve deixar a sua teimosia de lado, deixar que as coisas passem e estimular a comunicação. Tente dar o primeiro passo, deixe o orgulho de lado e mande-lhe uma mensagem a pedir perdão. Quando falar com ela, olhe-a nos olhos, passe as mãos pelos seus cabelos e diga o quanto a ama. Faça-a sorrir.

Como sobreviver

Cada um de nós é sobrevivente de alguma coisa ou de alguém. Eu digo sempre: "Se Deus o tirou de uma situação, com certeza o fará outra vez". Não podemos trocar a fonte do problema, porém podemos mudar o que vem depois, na

117

próxima etapa da nossa vida.

· · · · · · · · · · ·

**NUM CASAL,
A PAIXÃO E O
DESEJO SÃO
INDISPENSÁVEIS.**

É assim, os seres humanos, hoje mais do que nunca, devem voltar-se para Deus, homens e mulheres, por intermédio do Espírito Santo e dos princípios da Palavra de Deus, podem voltar ao plano original do Criador para as suas vidas.

O homem é sensível às palavras de admiração da sua amada. No fundo, o homem que se manifesta rude e obstinado está a sofrer, e teme.

Vi muitos homens bons serem maltratados por mulheres egoístas. E o que mais fere o homem é a rejeição e o desrespeito da mulher ou da mãe dos seus filhos.

Muitos casais vivem a vida com situações por resolver porque não contam tudo um ao outro. E o leitor também se identifica com o que acabo de referir, tenho a certeza. Esta é a maior preocupação, não saber transformar os sentimentos em palavras.

O leitor, muitas vezes, quer apenas ficar sozinho, só isso, ficar em casa a ver televisão ou a conversar com um amigo, a responder a um e-mail ou simplesmente não fazer nada. E como não pode dizer-lhe, ela continua a falar e a falar.

Não respeitam os gostos de cada um. E o que dizer quando a mulher só tem olhos para as crianças, que são o fruto do amor de ambos, só que agora consomem todo o seu tempo, tornando-o invisível. Antes do nascimento dos filhos, ela era a sua linda e apaixonada esposa, mas agora só dá atenção para as adoráveis criaturinhas, os vossos filhos. Bem, é a lei da vida. Morar junto não é sinónimo de entendimento. É um assunto do coração. Mateus 12:35 diz:

> O homem bom do seu bom tesouro tira coisas boas, e o homem mau do seu mau tesouro tira coisas más.

Alguns homens têm o coração ferido. O homem, como ser criado por Deus, tem que amar com o coração, a mente, a alma e o corpo. Em primeiro lugar, ele deve amar a Deus e, em seguida, a sua esposa. O amor tem que ser a primeira coisa no seu coração e, como consequência, vai amar os filhos e vai compreender o que acontece à sua volta.

Diante do desespero, Deus!

Os divórcios quase sempre acontecem porque o homem deixa de amar com o coração, e então a mulher deixa de o respeitar. Rejeita-o. Os dois acabam por cair no desespero por causa da paixão que se perdeu. Num casal, a paixão e o desejo são indispensáveis. O entusiasmo que se renova em si, deve ser transmitido, para que reapareça o desejo de estarem juntos, tornando-os assim inseparáveis.

Pois a paixão é contagiosa. Por isso, o homem deve rogar a Deus: "Senhor, dá-me um coração novo".

Não é em vão que a Palavra de Deus em Provérbios 4:23 diz: *"Acima de tudo, guarde o seu coração, pois dele depende toda a sua vida."*.

Homem, compreenda que se trata de uma mulher. Será defraudado se espera tudo dela, na verdade, é de Deus que tem que esperar, pois é Ele a sua fonte. Ele suprirá as suas necessidades mais profundas. Qualquer coisa que faça, inclua-O.
Tem que aprender a confiar em Deus e Dele esperar.

O problema é a sua falta de paciência. É necessário ter paciência.

Ele proverá. A Bíblia diz que *"o amor cobre todos os pecados"*[7]. Porquê? Porque quando vemos o pior de uma pessoa e mesmo assim continuamos com ela, isto é amor.

7, Proverbios 10:12

Porventura Deus não viu o pior de nós e não nos continua a amar? É por isso que temos sempre que procurar Deus, porque Ele é amor. Nosso Senhor Jesus Cristo fez o maior sacrifício, a Cruz, para demonstrar-nos quão verdadeiro é seu o amor.

Homem, Deus ama-o mesmo quando está equivocado. Ele cura-lhe o coração que esteve cheio de mentiras, e que com certeza se formou e se moldou com as experiências que viveu, de acordo com a sua genética ou com o lugar onde cresceu. Quando alguém vem ao encontro de Cristo, Ele renova tudo.

Agora, que pensa diferente, também vai falar diferente.

Pois o ouvido prova as palavras como a língua prova o alimento. (Jó 34:3).

Não podemos falar sem sentido, as palavras têm que ter um objetivo claro.

A propósito deste assunto, o Dr. Lucas Márquez tem um livro que se intitula: Falar nunca é um ato inocente.[8]

8, Kindle, 2 de fevereiro de 2019

Dito de outra forma, as palavras podem converter-se numa bênção ou numa maldição, porque o que dissermos é o que vamos receber. Ao dizermos bênção, receberemos bênção, porque estamos a dizer o bem. Se dissermos palavras de maldição, receberemos maldição, porque estamos a falar o mal.

> *Mas eu digo-lhes que, no dia do juízo, os homens terão de dar conta de toda a palavra inútil que falaram. Pois serão absolvidos pelas suas palavras e também pelas suas palavras serão condenados". (Mateus 12: 36-37).*

As palavras inúteis são palavras ditas sem pensar, que veem à boca sem terem passado pela mente e, por isso, trazem muitas consequências nefastas às nossas vidas!

As nossas palavras são ditas duas vezes, uma aqui na terra e outra na presença de Deus, no dia do juízo. Nesse dia, teremos que prestar contas de cada palavra que dissemos sem pensar.

> *Que nenhuma palavra torpe saia da vossa boca, mas apenas a que for útil para edificar os outros, conforme a necessidade, para que conceda graça aos que a ouvem. (Efésios 4:29).*

"Torpe" fala de uma coisa que está errada, que se deteriorou. Então, deve ter em atenção o que diz.

Quando Deus muda alguma coisa em nós, o fôlego de vida começa a soprar no nosso coração, e tudo começa a melhorar a nossa forma de ver as coisas, e assim podemos encontrar satisfação no que fazemos.

A Igreja é um corpo e nós funcionamos em união para ajudar a carregar o fardo que nos pesa.

Na nossa congregação, Celebración Osvaldo Díaz Ministries (CODM) na Carolina do Norte, Estados Unidos, levamos a sério a exortação bíblica de *"velar por a vossa alma"* (Hebreus 13:17), e cuidamos da saúde espiritual da congregação.

A casa de Deus será sempre o melhor lugar. É onde edificamos a vida com a Palavra e o testemunho. O poder do Espírito Santo vai dar-lhe a liberdade, que operará a mudança, e Deus vai dizer-lhe quem é realmente.

Você é uma
ideia maravilhosa
de Deus
criou para
este tempo e
para esta hora.

*Você é uma
ideia maravilhosa
de Deus
criou para
este tempo e
para esta hora.*

Estes homens não o demonstram no início do relacionamento, isso aparece com o tempo. Volto a enfatizar que quando um homem atua assim, fá-lo porque ama a sua mulher e quer vê-la feliz e protegida, sem sofrer. Quando destrói a autoestima dela, destrói-se a si mesmo, lembre-se que são a mesma carne.

TUDO O QUE VOCÊ DIZ DEVE TER UM OBJETIVO CLARO.

Uma ocasião, eu e o meu esposo tivemos que aconselhar um casal no qual o esposo tinha sido infiel, apesar de ter uma mulher excelente.

Quando lhe perguntamos o porquê, ele respondeu-nos: "por falta de compreensão". Confesso a nossa surpresa, e um pouco a nossa moléstia, porque pensávamos que ele ia dizer que era porque tinha gostado de outra ou porque queria ter uma aventura. Só que não, a resposta foi "por falta de compreensão".

O que aconteceu realmentea? Será que a esposa não era compreensiva? Ou era uma mulher agressiva ou conflituosa?

Não! Pelo contrário, era uma mulher boa, doce e excelente. Poderíamos até dizer que era melhor pessoa do que ele. O que aconteceu foi que ela lhe deu muito espaço. E ele não lhe contava quase nada do que fazia durante o dia. Ela dormia até tarde e quando acordava, ia fazer compras, estava com várias pessoas e ele tinha liberdade absoluta para fazer o que quisesse com o seu tempo. Tinha muito espaço. E era muito soberbo, porque ganhava bastante dinheiro.

E como terminou? Durante três anos ele teve uma amante. Essa mulher dominou a vida dele e fez dele o que quis.

OS HOMENS NÃO GOSTAM DE UM CONFRONTO DIRETO.

Quem ama, cuida. Você tem que ser o centro das atenções dela e ela tem que ser o seu. Deve confiar plenamente nela e ela em si.

Hoje em dia o casamento deles está recuperado, graças às mãos poderosas do Senhor e de mais de dois anos de trabalho nos quais estivemos aconselhá-los e a ministrá-los.

Quais foram os nossos conselhos? Que tudo, absolutamente tudo deve ser feito em conjunto. Não foi nada fácil, muitas dificuldades apareceram no caminho, mas hoje eles têm um casamento que foi salvo pelo poder de Deus.

Existem homens que querem tudo de imediato. Se ligam, querem que a esposa atenda logo , que ela corra para o atender. Esta atitude não é nada mais do que prepotência por parte do homem, e não tem que ser assim. Há que exercitar a paciência, caso contrário, com o passar do tempo, a única coisa que vai ter são dificuldades e conflitos.

O meu telemóvel e o do meu marido estão conectados, não temos nada a esconder um ao outro. Isto chama-se transparência, e se não gostamos de alguma coisa, conversamos e esclarecemos tudo de forma inteligente.

É claro que agradeço sempre a Deus pela vida em comum com o meu esposo, pois ele é muito inteligente e muito maduro. É um exemplo para quem o conhece, muito admirado, sábio, carinhoso e protetor de cada membro da família e da igreja. Obrigada, Senhor!

Quem ama, cuida.
Você tem que ser o
centro das
atenções da
sua esposa e ela
tem que ser o seu.
Deve confiar
plenamente
nela e ela em si.

ESPERA O SEU CÃO COM ALEGRIA, MAS A SUA MULHER, NÃO

16

"As mulheres seguras de si têm um brilho especial nos olhos. Irradiam otimismo, riem-se do que acontece, estão sempre alegres e de bom humor, Não têm esse génio que as faz querer escapar a qualquer altura".

Os nossos problemas são com as pessoas, porque o cão nunca vai ficar chateado, nem fazer uma cena de ciúmes. Pelo contrário, ele é fiel. Pode até mandá-lo embora, mas assim que o chamar, ele vem com a caudinha a mexer. Não é verdade?

O homem acha que a mulher é igual ao seu cão, que tem os mesmos sentimentos, que não se fere, que tem a mesma força.

Essa é a diferença entre ela e o seu cãozinho: os sentimentos.

Quero perguntar-lhe:

   1. Perde a calma com facilidade?

2. Zanga-se muito?

3. Se eu perguntar à sua cônjuge, o que é que ela vai dizer?

Li um livro sobre uma professora certo dia deu a seguinte tarefa aos alunos, pediu-lhes que completassem uma frase que começasse com a palavra: "Gostaria…", tinham que completar a frase com o que quisessem: um cãozinho, um brinquedo, uma bicicleta, etc.

Ao corrigir a tarefa a professora ficou surpreendida com as respostas de algumas crianças.

"Gostaria que os meus pais não se zangassem mais, e que o papá voltasse para casa"

"Gostaria que a mamã não gritasse o dia inteiro".

"Gostaria de tirar boas notas, para que o papá me amasse".

"Gostaria de ter um só papá e uma só mamã para que as outras crianças não se rissem de mim".

Quantas pessoas acham que não têm problemas sérios porque não se preocupam com os sentimentos dos filhos.

Existe sempre um cônjuge que é mais preocupado e outro que é mais despreocupado, um que está sempre a ferir com as palavras e outro que está a sofrer em silêncio.

A Bíblia diz: *"Há palavras que ferem como a espada, mas a língua dos sábios traz a cura."* (Provérbios12:18).

As palavras ofensivas produzem feridas emocionais que demoram muito tempo a curar. Podem, inclusive, acabar em violência doméstica.

Casar-se não é um ato inofensivo, a Palavra diz:

> *Mas, se vier a casar-se, não comete pecado; e, se uma virgem se casar, também não comete pecado. Mas aqueles que se casarem enfrentarão muitas dificuldades na vida, e eu gostaria de poupá-los disso. (1 Coríntios 7:28).*

> *Evite, porém, controvérsias tolas, genealogias, discussões e contendas... porque essas coisas são inúteis e sem valor. (Tito 3:9).*

Muitas vezes queremos falar e dizer aquilo que o outro merece ouvir, porque nos feriu. Porém, cada um tem uma versão dos factos, e só o tempo é que nos vai ajudar a pôr as coisas no lugar. Agora compreende o porquê da sua mulher não ficar contente quando chega a casa? Pônha atenção à forma como a ouve.

Provérbios 15:28 diz: *"O justo pensa bem antes de responder, mas a boca dos ímpios jorra o mal."*

Provérbios 15:1 agrega: *"A resposta calma desvia a fúria, mas a palavra ríspida desperta a ira".*

As discussões são para ser resolvidas, não ganhas. Muitos versículos da Bíblia ensinam-nos sobre o poder das palavras.

> *O seu falar seja sempre agradável e temperado com sal, para que saibam como responder a cada um. (Colossenses 4:6).*

Respeitar a opinião alheia permite que a sua opinião seja respeitada e levada em consideração.

> *A sabedoria do homem dá-lhe paciência; a sua glória é ignorar as ofensas.*
> *(Provérbios 19:11, VFL).*

Ouça a sua mulher e proveite o melhor dela.

> *Quando são muitas as palavras, o pecado está presente, mas quem controla a língua é sensato. (Provérbios 10:19).*

> *Cada um cuide, não somente dos seus interesses, mas também dos interesses dos outros. (Filipenses 2:4).*

Responda sempre com carinho, por mais difícil que seja.

Acho que esta passagem da Bíblia é a mais adequada para ilustrar o assunto que estamos a tratar...

> *O amor é paciente, o amor é bondoso. Não inveja, não se vangloria, não se orgulha. Não maltrata, não procura os seus interesses, não se ira facilmente, não guarda rancor. O amor não se alegra com a injustiça, mas alegra-se com a verdade. Tudo sofre, tudo crê, tudo espera, tudo suporta. (1 Coríntios 13:4-7).*

As mulheres seguras de si têm um brilho especial nos olhos. Estão sempre a irradiar otimismo e riem-se do que acontece, estão sempre alegres, de bom humor, não têm esse génio que as faz querer fugir a qualquer momento.

Lembre-se que ela
é especial e única,
estimule-a e extraia
o melhor
dela, para que
ela o espere com
alegria, como
sempre sonhou.
Uma mulher
divertida e feliz
contagiará a
sua vida.

ELE É UM ENGATATÃO 17

"Deus deu-lhe domínio próprio, então é questão de praticá-lo. Ele vai ajudá-lo, mas tem que fazer a sua parte".

Esta é uma queixa que eu ouço de muitas mulheres. O homem é mais visual e é comum escutar " entra-lhe tudo pelos olhos". Tenho a certeza que a sua mulher já o viu a olhar para outra mulher e fez um escândalo. Achava que ela não estava a ver, só que a sua mulher é mais perspicaz do que você pensa. Ah e quando ela o chama à atenção nega, pois é necessário escapar de alguma forma, não é verdade?

Numa passagem da Bíblia Jesus Cristo estabelece uma proibição divina:

> Mas eu digo-lhes: qualquer homem que olhar para uma mulher e a desejar, já cometeu adultério com ela no seu coração. Se o seu olho direito o fizer pecar, arranque-o e ponha-o fora. É melhor perder uma parte do seu corpo do que deixá-lo todo ser lançado no inferno. (Mateus 5:28-29).

Quando um homem olha para outra mulher com desejo, olhando para determinadas partes do seu corpo, é muito perigoso, mas é ainda pior se olha para ela com desejo sexual, quer a mulher seja solteira ou casada.

A mulher é mais sentimental do que o homem. Certas coisas que para o homem não têm importância, como por exemplo o facto de olhar para outras mulheres, pode fazer com que a mulher pense durante dias. Esta situação provoca um desgaste mental muito grande, porque a mulher fica a pensar no que o homem fez, e a imaginação vai ainda mais além: "o que ele deve fazer quando eu não estou por perto", não é verdade? Ainda mais quando a mulher que é admirada é alguém que vê com frequência.

A mulher sente-se rebaixada. Talvez até se tenha arranjado para o seu homem, e ele distraise com outra que passou. O homem tem que ter consciência de que tudo o que faz se deve à falta de maturidade e à falta de consideração. Neste caso, a mulher não está só com ciúmes, está a pôr limites que devem ser respeitados.

Uma passagem da Palavra de Deus diz aos homens "portai-vos varonilmente…" 1 Coríntios 16:13. "Varonilmente" no dicionário significa masculino, vigoroso, resistente, valoroso, decidido, enérgico, forte, valente, firme e viril; característico, peculiar ou típico do varão, que pertence a este tipo de pessoa.

É um mandato para que os homens sejam valentes, porque os covardes, diz uma passagem da Bíblia– *"não entrarão no reino dos céus"*. Por isso tem que ser valente.
Aquelas pessoas que não querem mudar ou não têm determinação para mudar a sua vida e os seus hábitos, aqueles que não confiam plenamente no Senhor e aqueles que saboreiam as coisas mundanas e olham sempre para trás são os que Jesus Cristo se refere quando diz que quem coloca as suas mãos no arado e olha para atrás não são dignos Dele.

138

A Bíblia diz: não faças aos outros o que não queres que te façam a ti.

É provável que não saiba o dano que provoca quando olha para outra mulher, gera um turbilhão de sentimentos, por isso, não há nada melhor do que resolver o conflito.

O QUE NÃO QUERES QUE TE FAÇAM A TI, VOCÊ NÃO DEVERIA FAZER AOS OUTROS.

Algumas pessoas fingem que nada aconteceu, como forma de evadir o problema, outras procuram refúgio no silencio, eu aconselho a que usem a sabedoria e façam uma mudança verdadeira.

Bem-aventurados os pacificadores, pois serão chamados filhos de Deus. (Mateus 5:9).

Em todo os lugares existem conflituosos e rebeldes, que são, sem dúvida, servidores do diabo. O pacificador, como a Palavra diz, é aquele que contribui para o bem-estar dos outros, que se relaciona com harmonia, e o que é mais importante, é o facto deste desejar sempre o bem ao próximo.

Os pacificadores, em primeiro lugar, sentem-se bem com eles mesmos, sabem cultivar essa arte de se sentirem bem consigo próprios e conseguem que os outros se sintam bem com eles.

A vida deve refletir o caráter verdadeiro do Pai Celestial. Deus é um Deus de paz, que sempre quer o nosso bem-estar.

Deve deixar de lado os maus hábitos, pois sabe que se os deixar, alegra quem mais o ama.

*Deus
deu-lhe domínio
próprio, então é
questão de praticá-lo.
Ele vai ajudá-lo,
contudo tem que fazer
a sua parte.
Que Deus o abençoe.*

A INFIDELIDADE DO HOMEM FAZ DELE UMA MARIONETA DA MULHER

"Casou-se para fazer o outro feliz. Portanto, ver o outro feliz vai completar a sua felicidade".

Para os homens casados, a indiferença da mulher fá-los pensar que ela atua mais por instinto do que por amor e fidelidade. Uma das razões pelas quais os homens procedem desta forma é o facto de serem abandonados pelas mulheres, principalmente no âmbito da intimidade, pela falta de desejo sexual (as relações sexuais são uma das primeiras necessidades do homem). É necessário ter em conta que uma das peculiaridades do homem é o facto de querer viver sempre de aventuras, de relações emocionantes.

Contudo, isto não significa que o homem tenha que ser infiel. Não há justificação para pensar "a outra" está disponível e a sua mulher não. Pois, ela está esgotada por trabalhar muito ou simplesmente porque não tem desejo. Lembre-se que as aventuras amorosas terminam em algo mais do que sexo, transformam-se em afeto e a alma acaba por ficar ligada à outra pessoa.

Como consequência, a falta de proximidade com a sua esposa transforma-se em culpa e ressentimento. Esta fase de querer e não querer, acaba com a intimidade do casal e tornase muito perigoso. O pior é que quando o homem é infiel, a mulher passa a ter o controlo, mesmo que o perdoe e continuem juntos.

. . . .

MUITAS VEZES, ALGUNS MATRIMÓNIOS PRECISAM DE UMA SEGUNDA LUA DE MEL PARA VOLTAR AO PLANO INICIAL DE DEUS.

Isto eu não li em nenhum livro, eu vejo com os meus próprios olhos quando atendo, com o meu esposo, os casais que estão a ponto de terminar os seus casamentos. A decisão de por termo ao casamento está relacionado com o facto das mulheres dizerem que os maridos se apaixonam pelas suas amantes. Claro que o motivo principal está sempre relacionado com a falta de atenção de um dos dois e também pelo abandono a que ambos se entregam. Enfim, a falta de interesse e a rotina é que os leva ao limite.

Em todos os casos o problema é a falta de compreensão. Pelo lado do homem na área sexual, porque ele precisa da exclusividade da mulher, que quando está satisfeita, faz com que ele encontre nela uma fonte de amor e prazer. E se isso não funciona bem, ele sente-se frustrado.

Por outro lado, a mulher precisa de ter com o marido uma comunicação íntima, tem necessidade de chegar ao seu coração. Isto faz com que ela se entregue totalmente ao homem que ama e a leve a suprir a maior necessidade dele, as relações sexuais.

É por isso que muitas vezes alguns casais precisam de uma segunda lua de mel para voltarem ao plano original que Deus tem para o casal, porque, exceto em situações muito particulares, a responsabilidade é dos dois.

Assim, renovamos o amor e a paixão, pois quando um homem e uma mulher decidem casarse, não o fazem porque comunicam de forma perfeita ou porque resolvem facilmente os conflitos, decidem casar-se porque estão apaixonados e acham o outro irresistível. Isto funciona assim e é o que muitos casais perdem ao longo dos anos.

O homem tem necessidade de sentir que está a chamar a atenção da sua mulher, que é admirado e respeitado por ela. Tem necessidade de sentir que ela precisa dele, ainda que a mulher seja "o corpo mais frágil", o homem também é sensível e tem que ser a prioridade da vida dela.

Por conseguinte, e por outras razões, o homem deve eliminar essa barreira e pedir intimidade para poder dar e para poder receber da mulher o que precisa.

Devem falar com honestidade, com amor, com sabedoria, de tal forma que ela possa compreender as suas necessidades, os seus desejos e é claro que ao mesmo tempo ela também possa satisfazer os dela.

Todos os casais devem reservar tempo para os dois e deixar de correr ao ritmo da vida diária. É muito importante que os dois sejam sinceros e que deixem de lado o silêncio e a vergonha. Devem suprir as necessidades um do outro, porque os filhos consomem a energia que deveria ser para o casal.

Numa das nossas viagens à América Central, conheci um lindo casal que tinha uma filhinha e um bebé, um menino de cerca de seis meses. Uma das coisas que mais me chamou à atenção foi a felicidade do homem com o bebé. Cuidava dele, pegava nele ao colo, mas a esposa não estava tão feliz, apesar das atitudes do marido.

Ela contou-me que o bebé tinha sido muito desejado, só que o casamento deles era muito instável, que ele era infiel e que ela sofria há anos ao lado dele. Apesar de ser muito jovem, apercebime do cansaço dela. Reparei também que depois das conferências saíram renovados e ele com muita vontade de mudar.

Pouco tempo depois ela faleceu de forma inesperada num hospital. Tudo o que ele não lhe disse durante a vida, depois não encontrava palavras para escrever e manifestar as saudades que sentia e o quanto necessitava dela.

O homem tem necessidade de sentir que chama à atenção da sua mulher, que é admirado e respeitado Para a maior parte dos homens que perde as suas mulheres é muito difícil seguir em frente com a vida e com o futuro. Por isso é que é tão importante valorizar e cuidar da pessoa que Deus lhe deu.

Para entender e reconhecer o que é o bem e a verdadeira vida do homem e da mulher, deve aplicar estes princípios que o vão poupar de muitos problemas e situações de dor e de angústia. De nada serve que eu lhe ensine a resolver conflitos se não se convence que tem que evitar tudo o que o deixa infeliz.

Deus deu-nos a vida e não podemos desperdiçá-la, porque outros dependem de nós, como a nossa esposa e os nossos filho.

O homem tem necessidade de sentir que chama à atenção da sua mulher, que é admirado e respeitado.

Lembre-se que casou para fazer feliz o outro. Portanto, ver o outro feliz vai completar a sua felicidade.

E AGORA... DEIXE OS VÍCIOS DE LADO 19

"Tem que acontecer uma mudança moral para que possa reconhecer com a luz de Deus os vícios e hábitos negativos, tem que eliminar tudo o que impede a capacidade de reação e tudo o que adormeça espiritualmente ".

Ao amadurecer algumas coisas devem ser deixadas de lado. A Palavra de Deus ordena que os apetites da carne devem morrer nos fiéis: as vaidades da vida, os vícios, a falta de resultados e os desqualificativos. Agora, o espírito tem que ser libertado, quebrado e reformado.

Tem que acontecer uma mudança moral para que possa reconhecer a luz de Deus. Os vícios e hábitos negativos, tudo o que impede a capacidade de reação e tudo o que espiritualmente o adormeça deve ser eliminado. Também é destrutivo ser egoísta. A satisfação imediata também é destruição a longo prazo.

Lembro-me de um caso em que a esposa descobre que o marido, que louva a Deus, vê pornografia desde pequeno, porque o pai lhe mostrava revistas de mulheres nuas e o pai também, mesmo velho, continuava a ver esse tipo de material.

Por isso é que a Bíblia diz que nem tudo o que nos é dado pelos nossos pais é bom.[9] Quem foi o maior culpado de tudo?… O próprio pai.

9 Parafrasis de I Pedro I:18.

Suspeite de tudo o que estiver relacionado com o mundo. O mundo não tem nada de bom para oferecer, pois oferece tudo desvirtuado. Ao observar a magnitude das suas ações, ao conhecer os pecados e as inequidades nas quais está submergido, aparece a verdade de Deus que ilumina as zonas escuras da alma.

Algumas pessoas vivem durante anos uma vida de desordem caótica, por desolação e amargura. Desvalorizados e confundidos, perdem-se no álcool e nas drogas, perdem o controlo absoluto da mente e magoam quem um dia os escolheu para marido. Se for pai solteiro, seja sábio e não estrague a geração que vem depois de si, que não tem nenhuma culpa ou responsabilidade pelo o que você fez no passado.

Havia uma irmã da igreja cujo marido era alcoólico, o senhor bebia tanto que acabava caído no chão de casa durante horas. Esta situação trazia-lhe muitos problemas.

Ele começou a vir à igreja, e sempre que era chamado ao altar para aceitar Cristo, passava até por os outros pregadores que eram convidados.

Lembro-me que um dia ele bateu à nossa porta para pedir ajuda, queria deixar de beber. O meu marido que é muito assertivo, disse-lhe: "Não. Eu não vou fazer o que tem que ser feito por si. O senhor tem que ser determinado e tem que ter vontade para abandonar o vício agora".

• • • • • • • • • • •

O PODER DE DEUS, QUE RESSUSCITOU SEU AMADO FILHO JESUS CRISTO DENTRE OS MORTOS, RESSUSCITE SUA VIDA ACABADA DESTRUÍDA POR SEUS VÍCIOS E ADIÇÕES.

Ele nunca deixou de beber e acabou por abandonar a esposa definitivamente.

Este homem não quis deixar a bebida, contudo, outro irmão que chegou à Casa do Senhor sentiu de imediato a presença de Deus e disse: "Deixo a bebida, deixo o vicio, porque Deus é real em mim".

Ainda hoje é um irmão que serve numa das nossas igrejas e nunca mais bebeu. Qual é a diferença entre eles? Deus ajuda-nos, mas há uma parte que tem que ser feita pelo ser humano.

Em primeiro lugar a pessoa tem que estar consciente dos danos que causa ao seu próprio corpo e depois deve pensar em formas de agir para mudar a situação, como por exemplo deixar de conviver com as pessoas que o incitam ao vício, deixar os velhos hábitos e trocar de amigos, procurar preferencialmente fazer amigos cristãos.

A Glória de Deus um dia manifesta-se, o que é o um favor merecido, um dom que Deus derrama na sua vida de graça. O poder de Deus, que levantou de entre os mortos o seu filho amado, Jesus Cristo, ressuscita assim também a sua vida acabada e destruída pelos vícios e pelas dependências. Glória a Deus!

Um ator famoso que nasceu em Inglaterra é um alcoólatra por culpa do pai e, apesar da fama e do dinheiro, não consegue manter uma esposa ao seu lado, porque não consegue acabar com o seu vício.

Procure o Pai verdadeiro, Aquele que o criou, que o formou e lhe deu uma oportunidade. Aumente o seu conhecimento sobre Deus e invista em novas relações que o afastem dos ambientes maus.

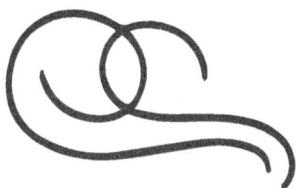

Peça ao Espírito Santo que o encha. A Bíblia diz: "Não se embriaguem com vinho, que leva à libertinagem, mas deixem-se encher pelo Espírito" (Efesios 5:18).

A SOLUÇÃO 20 PARA A SUA FALTA DE AMOR

> *"O amor de Deus aperfeiçoa-se em nós, e é por isso que nós temos que nos aperfeiçoar no amor Dele, porque muitos perderam a fé, que será Substituída pela vista. A Esperança transformar-se-á em desesperança, mas o amor de Deus é eterno. Nunca deixa de ser".*

Ao aceitar Jesus Cristo no coração, ele invade a nossa vida, o nosso corpo a nossa alma e o nosso espírito, e o que acontece é que o amor de Deus –diz a sua Palavra– se derrama nos nossos corações.

A Palavra "derramado" traz-nos a ideia de abundância, de acordo com a Palavra de João 10:10. Então tem que perguntar-se: O que estou a fazer com o amor superabundante que Deus derrama na minha vida?

Acordei uma manhã e Deus falou-me sobre o Seu amor que se aperfeiçoa. Então comecei a pesquisar e encontrei muitas passagens da Bíblia sobre este tema.

> *Mas, se alguém obedece à sua palavra, nele verdadeiramente o amor de Deus está aperfeiçoado. Desta forma sabemos que estamos nele.*
> *(1 João 2:5).*

Então, aqui lemos com clareza que o amor de Deus se aperfeiçoa em quem obedece à sua Palavra.

Deus tem um plano individual para cada um de nós. E é de nós que depende esse plano, para que ele o complete. Temos que dar mais lugar ao Espírito Santo e à sua Palavra para poder completar o Plano Divino.

"É que o amor acabou", dizem.

O nosso amado Jesus Cristo não é como as pessoas que nos rejeitam e nos ferem. Ele ama-nos com amor eterno e entrega-nos esse amor. O amor de Deus aperfeiçoa-se em nós e, é por isso que temos que nos aperfeiçoar no amor Dele. É verdade que muitos perdem a fé, esta é substituída pela vista, por isso a esperança é tansformada em desesperança, mas o amor de Deus é eterno, Nunca deixa de ser.

Quero fazer uma paráfrase sobre o amor como a base dos dons.

No capítulo 13 de 1 Coríntios, os sinónimos têm uma importância enorme, porque através do amor, os melhores dons da nossa vida manifestam-se.

> O amor é sofrido, ou seja, é paciente, é bondoso, é natural faz-nos bem. Não é invejoso, não é competitivo, não se vangloria, não vive de aparências, não maltrata, é cortês. O amor não faz nada indevido, pelo contrário, procura o bem-estar dos outros. Não procura os seus interesses, agrada-lhe o direito dos outros. Não se irrita, mantém uma atitude pacífica. Não é rancoroso, não lhe importa quantas vezes foi ferido. O amor não se alegra com a injustiça,

mas alegra-se com a verdade.

Tudo sofre, tudo crê, tudo espera, tudo suporta,
é fiel até o final. O amor não perece.[10]

10 Ver 1 Coríntios 13:4-8

Em 2 Coríntios 5:14 a Palavra diz-nos que o amor de Deus "constrange-nos", apertanos, envolve-nos por inteiro. Não podemos deixar de senti-lo, de percebê-lo nas nossas vidas.

Envolve-nos por inteiro, é maravilhoso! Não temos outra opção a não ser receber esse amor, porque Ele é amor. Não podemos apenas dizer que Deus tem amor, porque Ele é amor. O seu amor modifica todos os aspectos da nossa vida. O homem que tem Deus tem o dever de amar todos os aspetos da sua vida, como esposo, pai, filho e como cristão. Também deve permitir que Deus aperfeiçoe esse amor nele. Colossenses 3:14 diz: *"Acima de tudo, porém, revistamse do amor, que é o elo perfeito."*

As nossas estruturas mentais não permitem que Deus aperfeiçoe o amor através de nós mesmos. Muitas pessoas não sabem realmente o que é o amor, pensam que é apenas um sentimento. É necessário ter consciência de tudo, a essência de Deus é o amor. Como dissemos antes, Deus é o amor, essa é a Sua essência.
Muitos homens não sabem que para manter uma relação é preciso mais do que sentimentos, e esse conhecimento é necessário. Para muitos, a ideia de aprender sobre o amor parece uma piada, porque viram e aprenderam na televisão e nas histórias que estão cheias de sentimentos como o amor, o ódio, a culpa, a traição e a vingança. Só que a vida real não é isso, não é uma novela.

As necessidades da sua esposa são ministradas através do amor. É por isso que Deus aperfeiçoa o amor em si, para que não seja escravo dos seus sentimentos, e para que possa realizar atos de amor, porque é a sua decisão. A minha última reflexão:

Decida pelo amor, deixe que Deus o aperfeiçoe em si, em obediência à sua Palavra.

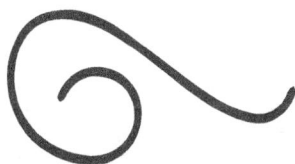

O homem
que decide
ser um conquistador
prepara-se a nível
intelectual e
espiritual.

O HOMEM É UM CONQUISTADOR NATO

21

"O homem conquistador é um homem que se move pela fé, porque caminha com um propósito sem saber, muitas vezes, qual é a finalidade da conquista".

Este capítulo é para os homens maduros e com anos de experiência de vida.

Talvez tenha muitas derrotas na sua vida, e ainda assim dentro de si está esse impulso conquistador. E é por isso que não gosta que pensem que não consegue, porque a capacidade para terminar o que se propõe a fazer está dentro de si.

O homem conquistador...
- É um homem que se move pela fé, porque ca minha com um propósito, muitas vezes, sem saber qual é a finalidade da conquista.

- Valoriza o caráter verdadeiro das pessoas.

- O seu guia são os princípios que estão na Palavra de Deus.

- Atua com muita prudência, não por impulso, espera e avalia tudo.

- Sabe esperar o tempo e prepara-se.

- É muito responsável e discreto no trabalho.

- Não anda a contar assuntos pessoais, mantém segredo e é de confiança.

- Permite que a sua mulher cresça em todos as áreas da sua vida.

A minha filha Damaris casou-se com um jovem italiano, eles têm uma história muito bonita, porque ela e o Doménico conheceram-se na cidadezinha italiana que o meu avô paterno nasceu. E como eles cresceram juntos, desde que se casaram ele permitiu que ela se desenvolvesse em todos os seus âmbitos.

Hoje a nossa filha é uma pastora excelente na sede central do nosso ministério, ele também prega aos jovens e têm um matrimonio exemplar para quem os conhece. Estão a desenvolver a liderança e deixam que nós, os seus pais e mentores, os moldemos.

Ele sabe que com ela será abençoado, contudo decidem diariamente conquistar coisas novas. Também usam o seu tempo para fazer negócios e trabalhar, porque a Bíblia diz: *"Mas pobre do homem que cai e não tem quem o ajude a levantar-se!"*.[11]

11 Eclesiastés 4:10

O Doménico pede sempre a opinião dela porque sabe que a nossa filha tem uma posição de autoridade delegada pelo pai, meu esposo e porque é cristã há anos. A determinação dele é ser um conquistador nos Estados Unidos.

O homem que decide ser um conquistador prepara-se a nível intelectual e espiritual. Pode conversar sobre qualquer assunto, analisa o que quer dizer com detalhe e é objetivo. Sabe bem o que quer e prepara-se para o sucesso, sem se importar com os anos que tenha que esperar.

Quero usar como exemplo a história bíblica de Calebe. Certo dia, Calebe teve que ir a uma missão de reconhecimento à terra prometida de Israel com Josué, outro espia:

> ...Josué, filho de Num, e Calebe, filho de Jefoné, de entre os que haviam observado a terra, rasgaram as suas vestes e disseram a toda a comunidade dos israelitas: "A terra que percorremos em missão de reconhecimento é excelente. Se o Senhor se agradar de nós, ele nos fará entrar nesta terra, onde manam leite e mel, e a dará a nós. Somente não sejam rebeldes contra o Senhor. E não tenham medo do povo da terra, porque nós os devoraremos como se fossem pão. A proteção deles foi-se, mas o Senhor está conosco. Não tenham medo deles!"
> (Números 14:6-9).

E depois voltaram e contaram a grande novidade a Moisés dizendo "conseguimos conquistar aquele território, nós podemos". Já os outros espiões pensaram com temor que a conquista não era possível. Perante a fé de Calebe, Deus prometeu abençoá-lo com a terra prometida. Calebe não minimizou os gigantes que estavam lá, nem as cidades fortificadas que viu, o que fez foi magnificar o poder de

Deus.

> *Portanto, Hebrom foi de Calebe, filho de Jefoné, o*
> *quenezeu, em herança até ao dia de hoje, porquanto*
> *perseverara em seguir o Senhor, Deus de Israel.*
> (Josué 14:14, TLA).

Contudo, Calebe esperou 45 anos para herdar o território que havia explorado com Josué. Foram anos difíceis de peregrinação pelo deserto, só que este conquistador tinha plena confiança nas promessas de Deus.

No final da conquista Calebe tinha 85 anos, porém sentia-se tão forte como se tivesse 45.

> *Ainda estou tão forte como no dia em que Moisés*
> *me enviou; tenho agora tanto vigor para ir à guerra*
> *como tinha naquela época.* (Josué 14:11).

O mais extraordinário foi o facto de que quando Calebe conquistou a terra prometida, a terra descansou da guerra. Ainda quer conquistar alguma coisa na sua vida? Magnifique o poder de Deus.

Hebrom, o melhor pedaço da terra, ficou para o grande conquistador, Calebe, e logo a sua herança aumentou. Quando servimos a um Deus grande, as suas bênçãos enriquecem-nos e nos impulsionam para alcançar grandes conquistas.

O tempo importa? Quando se é um visionário, não. Não permita que a velhice o torne um homem que está a queixar-se de tudo. Deus ainda tem muito para lhe oferecer. Enquanto houver vida, Deus continuará a sua obra.

A fé e a perseverança foram a fonte do triunfo de Calebe, o conquistador. Os gigantes que eram temidos pelos outros espiões foram expulsos de Hebrom por Calebe, e essa terra foi a sua herança, porque Deus assim tinha prometido.

Um dia, quando os nossos três filhos eram pequenos, Deus disse-nos, a mim e ao meu esposo, que eles ficariam livres de grandes perigos. Agora que eles cresceram, eu ainda rogo por essa promessa a Deus, e Ele cumpre. A presença Dele é fonte de descanso e força.

> *"O vencedor herdará tudo isto...."*
> *(Apocalipse 21:7).*

E tudo é tudo.

Assim como Calebe venceu o inimigo e tomou posse da sua herança, persevere, acredite nas promessas de Deus e mantenha a mente e o coração firmes na herança.

Ele e somente Ele lhe dará vitória. Amém!

Você tem a capacidade de terminar fazendo o que se propôs a fazer.

*As promessas
de Deus
sempre se
cumprem
Tome posse
da sua vitória
pela fé.*

O HOMEM E A SUA HERANÇA 22

"Deus adora abençoar as pessoas e é um Deus grande que abençoa por gerações. Ou seja, quando ele encontra um homem que se predispõe a segui-lo, essa será a garantia de que a sua descendência será próspera".

A ausência de homens apaixonados por Deus na igreja tem um grande impacto na próxima geração. Por exemplo, as crianças que chegam à adolescência e abandonam a igreja porque o pai não fazia parte da congregação é um mau sinal.

Por que motivo você, como homem de Deus, não procura aquilo que Ele já tem preparado?

O inimigo esteve a trabalhar arduamente para impedir que receba a sua herança. Essa herança que Deus encomendou para a sua vida e que o inimigo não quer que você receba.

Deus é o Deus de Abraão, Isaac e Jacó.

Deus adora abençoar as pessoas, é um Deus grande que abençoa por gerações, ou seja, quando ele encontra um homem que se predispõe a segui-lo, essa será uma garantia de que a sua descendência será próspera.

Deus não tem problemas com a abundância, Deus não

soma, Ele é um Deus que multiplica. Em Mateus 25:29 (NTV) a Bíblia diz-nos *"Porque a qualquer que tiver será dado, e terá em abundância…"*.

Deus opera com a sua graça generosa.

DEUS OPERA COM A SUA GRAÇA GENEROSA.

Por isso, o uso correto dos dons e dos talentos dados por Deus resultará em grandes progressos, que irão resultar em boas obras. A graça, que é o favor de Deus, é um dom que não merecemos. Porém, mesmo assim, Ele quer darnos.

Salmos 127:3 diz que *"Os filhos são herança de Jeová…"* (RVR 1960).

O homem de valor reconhece a importância de apreciar os filhos, porque eles são a sua herança, são a sua descendência, são a sua continuidade. O homem honra a Deus ao cuidar da sua herança, porque estabelece domínio sobre a terra. Deus dá filhos aos homens como se fossem uma fortuna para os herdeiros. E é certo que os filhos vêm com uma benção debaixo dos braços.

O nosso último neto, Liam, chegou à vida da nossa filha e do nosso genro logo após eles terem comprado uma casa. Antes do nascimento do meu primeiro neto, Ethan, o meu filho conseguiu um excelente trabalho, fez uma bela carreira e alcançou o cargo de tabelião.

Os filhos nem sempre nos escutam, mas imitam-nos sempre. Nunca se esqueçam de ser o exemplo. Os filhos devem, assim como nós, seguir Cristo. E quem não tiver filhos naturais, Deus vai permitir que tenha filhos espirituais.

O verdadeiro homem compromete-se a amar a sua vida inteira e a sacrificar-se pela geração seguinte, cuidando-a, honrando a Deus e guiando-a no caminho do Senhor que edifica o Reino. São a sua herança.

Lembro-me de um irmão que se chamava Francisco, que me levava à Igreja aos domingos quando eu tinha 4 anos. Também me lembro de um italiano, Donato, que orava fervorosamente nas reuniões da Santa Ceia, do Sr. Abel, um Mestre, uma eminência na Palavra, e posso continuar a citar outros homens de Deus que foram exemplos na minha vida.

Vi desde muito jovem o meu marido a crescer espiritualmente, porque ele sempre esteve a servir a Deus na igreja em que nós nos congregávamos. Depois vi-o a crescer no cumprimento do chamamento de Deus para as nossas vidas, ele, o meu amado esposo, sempre tão radical, esforçado, valente e determinado no serviço a Deus.

O que quero dizer com tudo isto? O papel do homem é fundamental para que as gerações futuras sigam o Senhor.

Deus quer fazer outra vez obras através do homem.

Cada homem é uma promessa. O homem que tem Deus terá uma nova identidade, valores morais e estará comprometido com tudo o que fizer. A sua vida será uma fonte inesgotável, porque terá uma família equilibrada graças à sua vida espiritual, sem que o passado tenha importância, porque o Senhor faz "todas as coisas novas".

Nenhum progresso material pode preencher o espiritual, nem satisfazer as ambições do homem, porque vai existir sempre um vazio que só pode ser preenchido por Deus.

Greg Laurie, pastor e evangelista, na *New Believer's Bible* (A Bíblia para Novos Cristãos), identificou o problema que os seres humanos enfrentam: *"Há um buraco no coração de cada um de nós, um vazio espiritual na profundidade da nossa alma, um 'espaço em branco' com a forma de Deus"*.

É por isso que Deus quer que entre no repouso Dele. E o que é entrar no repouso de Deus? É tranquilidade, é descanso, é confiança e força. É aproveitar mais e fazer menos, e esperar que os outros trabalhem por nós? Ah! Isso sim é que era bom, não era? Contudo, refirome à criação de uma empresa familiar ou um negócio em que os seus filhos e filhas façam crescer, ou que pessoas da sua confiança, que tenham sido formadas para o efeito, trabalhem para si, e que seja a fonte do seus ingressos. Extraordinário!

Algumas pessoas dizem não ter tido boas experiências ao trabalhar com cristãos, tenham sido empregados ou chefes e a minha pergunta é: Como é que isso pode ser possível se se supõe que Jesus Cristo está nas suas vidas de forma diferente da dos incrédulos.

É que existem cristãos carnais e cristãos espirituais. E digo isto pela experiência que tenho há anos ao ministrar a pessoas. É aqui que tem que ter discernimento para escolher as pessoas adequadas e ser um homem de caráter.

> ENTRAR NO REPOUSO DE DEUS É CONSEGUIR TER MAIS TEMPO QUE ANTES.

O trabalho é uma coisa muito importante e deve ser cuidado, não brinque com os empregados. Lembro-me de um irmão a quem o meu esposo estava sempre a dizer: "não brinque com os seus empregados porque eles nunca o irão respeitar". E foi isso que aconteceu: nunca foi respeitado e ainda por cima era criticado.

Entrar no repouso de Deus é conseguir ter mais tempo para que possa conhecer novos lugares, só que quando o Senhor o fizer prosperar, proteja-se do orgulho e da cobiça e reconheça sempre que tudo o que tem na sua vida provem Dele.

É importante unir o melhor do presente com o melhor do passado, porque, sejamos sinceros, estamos sempre a dizer que "o tempo passado foi sempre o melhor" e esquecemo-nos de como é bom poder viver o presente todos os dias.

Eu acho que esta era em que vivemos, que é a era da informação, tem muitas vantagens, porque nos permite fazer o que Jesus manda. João 14:12: *"faríamos melhores obras do que Ele fez..."*, precisamente pelo alcance mundial que a Internet e a Globalização nos trazem.

Então, estamos a precisar dehomens que sejam o exemplo e estejam comprometidos a amar como Jesus Cristo amou. Ele é o melhor modelo e é por isso que todos os homens o devem conhecer.

> TODO HOMEM DEVE SE MANIFESTAR EM TODAS AS ÁREAS DE SUA VIDA.

Cada homem tem que se manifestar nos várias áreas da vida. Se demonstrar lealdade a Deus, será confiável, não deve esconder-se, pelo contrário, todos devem ver o seu brilho, todos devem perceber que existe alguém diferente a revelar ao mundo que com Jesus tudo é possível.

171

É possível ser melhor que o pai, que o avô ou o bisavô. Tem que mostrar que as bençãos de Deus alcançaram a sua descendência por mil gerações, porque você é um verdadeiro cristão.

> *Saibam, portanto, que o Senhor, o seu Deus, é Deus; ele é o Deus fiel, que mantém a aliança e a bondade por mil gerações daqueles que o amam e obedecem aos seus mandamentos.*
> (Deuteronómio 7:9).

Eduque e discipline os seus descendentes, porque os ama e porque é o melhor para a vida deles.

Deus quer estabelecer através de si uma descendência santa, os filhos precisam de uma atenção especial, para que possam seguir o caminho do Senhor. Tudo o que fizer pela obra do Senhor cairá como benção sobre as suas gerações.

Todo homem
é uma
promessa.

*Renda-se totalmente
ao Senhor para que...
"aquele que
começou uma boa
obra convosco,
vai completá-la
até o dia
de Cristo Jesus."
(Filipenses 1:6).*

DESCUBRA 23
A SUA
MISSÃO
NA VIDA

"Quando a sua mente passa do negativismo ao positivismo, torna-se um homem vibrante, será como um íman, que atrai as pessoas que querem estar consigo. Porque a mente é o combustível criativo de maior importância para cumprir a sua missão.".

Existe algo que você e somente você pode fazer na vida.

Claro que todos temos alguém que nos serviu de inspiração e guia, só que temos que ser nós a descobrir qual é o nosso maior dom, aquele que nos vai trazer maiore satisfação quando o fazemos e/ou praticamos.

As pessoas são fruto das influências do ambiente em que se formam e do lugar onde passam mais tempo. Quem trabalhar num escritório com muita bisbilhotice, será um bisbilhoteiro. Quem estiver sempre num bar com bêbados, será um alcoólatra. Se trabalhar na estrada com colegas que fazem muitas piadas, vai chegar a casa e fará piadas da sua esposa e dos seus filhos. O ditado: "Diz-me com quem andas, e dir-te-ei quem és" é verdadeiro.

A maravilha é que quando se aproxima de Jesus Cristo e diz a Palavra, ele renova todas as coisas.

Encha a sua vida com amor. Deus dá-lhe tanto amor que sobra para dar aos outros. A Sua paz invade-o, essa paz que nem o mundo nem ninguém lhe pode dar. Entra no espírito e você torna-se numa "nova criatura". O Senhor tem que renovar a sua mente, porque ao mudar sua forma de pensar, mudará a sua forma de viver.[12] Será um homem novo e quem o vir vai notar a diferença.

12 Ver Romanos 12:2

Há muita ignorância espiritual, ainda mais naqueles que um dia aceitaram Cristo como Salvador pessoal. Muitas pessoas vivem sem se ajustarem à palavra de Deus e pensam que são verdadeiros convertidos e que Deus tem que os abençoar.

Em várias epístolas, o Apostolo Paulo exorta-nos acerca de cuidar da nossa vida espiritual, mais concretamente, da nossa salvação. Gostaria que soubesse que é a obra de Deus que produz em nós uma transformação verdadeira. É a intervenção divina e não somente a nossa obra, porque tudo na vida cristã é obra de Deus.

Esteja preparado para essa mudança, deixe de viver de acordo com os seus próprios pensamentos e comece a viver conforme a palavra de Deus, porque o que está em jogo é o seu destino Eterno. O homem precisa de um modelo, de um conselheiro, um líder espiritual que o guie, que o ajude a encontrar o sua verdadeira missão.

Espero que este livro seja valioso para si. Os livros que li ajudaram-me muito, pois serviram-me de guia e deram-me uma direção. Dizem que as mulheres leem mais livros do que os homens, só que eu sei que este é um livro diferente e que está a gostar de o ler.

A sua missão dependerá da forma como honra quem o formou, porque Deus adora abençoar quem quer cumprir as suas promessas.

A primeira coisa que vos quero ensinar é como os mandamentos de Deus nos ajudam na nossa missão. Tem a ver com honrar os nossos pais, sejam eles biológicos ou espirituais, no caso de não ter pais biológicos.

É A OBRA DE DEUS EM NÓS QUE NOS PRODUZ A TRANSFORMAÇÃO VERDADEIRA.

É um mandamento com promessa e é mais efetivo quando o faz com algo material.

Na minha família, a única pessoa que ainda vive é a minha mãe. Todos os meses enviamos-lhe uma oferta monetária, que não só é de muita ajuda para ela, como também é uma forma de cumprir com a palavra de Deus:

> *Honra teu pai e tua mãe este é o primeiro mandamento com promessa para que tudo te corra bem e tenhas longa vida sobre a terra.* (Efésios 6:2-3).

O que acontecerá?

Tudo aquilo que empreender vai correr bem e os dias serão longos, ou seja, serão úteis, com propósito. Deus entrega este mandamento com a promessa para Moises, só que o Apóstolo Paulo fá-lo ainda mais abundante no Novo testamento.

177

Eu mesma vi a efetividade desta promessa, porque eu observo como a benção estabelecida nos alcança, nos prospera e nos abre as portas para o nosso ministério à volta do mundo.

. . . .

SE O QUE IMAGINAR ESTIVER DE ACORDO COM O DESEJO DE DEUS PARA SI, ESSE PODERÁ SER ALCANÇADO.

O que imaginar e que estiver em linha com o desejo de Deus para si, poderá ser alcançado Temos Igrejas nos Estado Unidos, na União Europeia, na América Central, na Nigéria, uma extensão da nossa Universidade Cristã e continuamos a crescer e a avançar.

Somos modelo e testemunha para muitas pessoas, como família, como matrimónio e como indivíduos, eu perante as mulheres e o meu marido, perante os homens.

Viemos de um ambiente em que sempre nos vestimos bem, com muito ou pouco, essa é a parte da nossa essência. E as pessoas imitam-nos. Hoje temos um ministério de excelência, porque servimos a um Deus excelente.

Pessoalmente, penso que devemos entregar a Deus o melhor e isso não nos faz menos humildes.

Humilde é aquele que aprende a atesourar tudo o que lhe foi dado por Deus, valorizar e respeitar muito os outros e não exercer domínio sobre os seus semelhantes.

Acho que existe a falsa humildade de pensar que quanto mais pobre pareço ser, mais espiritual sou. Isso é uma mentira absoluta.

Eclesiastes 9:15 diz que *"No entanto, ninguém se lembrou*

mais daquele pobre. …". Pense se não é verdade. Fala do pobre de espírito, quem não tem exemplos para dar.

Se o que imaginar estiver de acordo com o desejo de Deus para si, esse poderá ser alcançado, só que tem que ter uma visão clara do seu futuro.

Estabeleça metas a curto e a longo prazo. O meu esposo está sempre a dizer-me: "Em que estás a pensar?", porque a mente é o combustível criativo de maior importância para cumprir com o a nossa missão. Quando está renovada pelo Espírito de Deus é uma mente mais recetiva a novas oportunidades.

Numa Palavra, "está todo o dia a pensar…", a sua mente voa e sonha com uma vida melhor, você torna-se num homem superpositivo e ativa-se, porque a sua mente passa do negativismo para o positivismo. Você é um homem vibrante, como um íman, as pessoas são atraídas por si e querem estar consigo. É tão sábio que os seus filhos preferiram os seus conselhos aos dos amigos.

As suas conversas serão muito interessantes, porque a sua vida é transcendente, supressiva e selvagem. Agradecerá todos os Dias a Deus por estar vivo, porque aprendeu a captar o momento, a sua oportunidade e o seu momento de glória.

As pessoas em Porto Rico – conheço várias porque muitos cantores estiveram no nosso ministério- dizem: "É melhor estar ocupadito que preocupadito". Ótimo, não é verdade?

A ansiedade, a falta de propósito e a desorientação fazem com que se dêm voltas sem sentido. Faz-se tudo, só que no final não se consegue nada, mas quando o chamado de Deus é escutado e obedecido, o verdadeiro propósito cumpre-se.

Se a Palavra de Deus nos diz que *"somos muito mais que vencedores"*, está a expressar confiança. Deus diz-lhe: "Olha, acredita, és mais do que algo". Aleluia. Tem que acreditar em Deus e em si. Muitos homens vivem e lutam por coisas que não fazem sentido.

Como é que quer ser lembrado?

Vou dar o exemplo do meu avô materno e do meu avô paterno.

O meu avô materno tinha um péssimo caráter. Lembro-me dele como uma pessoa que estava sempre zangada. Se alguém olhasse muito para ele no autocarro ele dizia: "Está a olhar para onde, devo-lhe alguma coisa?". Todo a gente o temia. Quando ele ia dormir a sesta, ninguém podia fazer barulho, porque ele acordava de mau humor e discutia com todos.

A minha avó acabou por se afastar da família, porque ele era tão egoísta que não queria partilha-la com ninguém. Ele tinha irmãos, mas não estabelecia relações com nenhum deles. Era muito preguiçoso, não fazia nada, trabalhava apenas algumas horas por dia e foi o seu cunhado quem construiu a sua casa, de outra forma não teria nada.

PREENCHA SUA VIDA COM AMOR.

Nunca me esquecerei da repreensão que um dia me deu. Fez-me chorar muito, e como era adolescente, passei muitos dias triste. Uma das coisas que a minha mãe guarda no seu coração é facto de ele não a ter deixado estudar.

Isso foi muito frustrante para ela, já que era uma mulher com muitos dons. Não é necessário dizer que ele não era cristão e que rejeitou o evangelho todas as vezes que teve a oportunidade de o aceitar.

Contudo, ao lembrar-me do meu avô paterno sorrio e dou graças a Deus pela sua existência. Ele trouxe-nos o evangelho, porque a primeira coisa que fez foi aceitar a Cristo, por mais que viesse de uma família muito religiosa.

Ele e o cunhado foram os primeiros da família a converter-se.

Ele era um imigrante italiano na argentina dos anos 30. Ficou numa pensão e deixou a minha avó na Itália até conseguir um lugar para morar.

Ela ficou na Itália com dois filhos que acabaram por morrer, porque era a época do pós-guerra e havia muita fome. Ela contava-nos que teve que trabalhar um ano inteiro para comprar uma saia. Triste, não é verdade? E quando ela chegou à Argentina, o Senhor a abençoou com duas filhas e um filho, o meu pai.

O meu avô tinha paixão pela Palavra de Deus. Por isso, leu 3 vezes a Bíblia de ponta a ponta, tinha dicionários e docomentários bíblicos para o ajudar, porque não tinha ido à escola, aprendeu a ler com as Escrituras.

Ajudou a construir várias igrejas na capital, Buenos Aires, e foi um homem sempre à frente da sua época. Na altura aprendeu a profissão de canalizador e tinha tanto trabalho que a sua casa era a única que tinha telefone. Foi tão próspero que quando partiu para estar ao lado do Senhor deixou uma casa para cada filho e duas fazendas nos arredores de Buenos Aires. Era dessas fazendas que tirava o alimento para dar aos filhos e aos netos.

O meu avô materno não deixou nada e ninguém se lembra dele. O meu avô paterno ainda é lembrado pela família como um pioneiro, um precursor, e o que é mais importante, um homem de Deus que nos deixou através da própria vida um legado espiritual.

Ah! Fui eu quem herdou a sua Bíblia e os seus livros. Da família do meu pai, fui eu quem respondeu ao chamado de Deus com o meu marido. Então, faço a pergunta:

*Como é que eu
quero ser lembrado?
Como alguém que
não é lembrado por
ninguém e de quem
ninguém fala?
Ou como um homem
de princípios, de
fé e de Palavra que
conseguiu aquilo
a que se propôs?
Pense nisso.*

DETERMINE VOCÊ MESMO A PESSOA NA QUAL SE QUER TORNAR

24

"Ele deu-lhe domínio próprio, que é o fruto do Espírito Santo dentro de si. Controlar as emoções, os impulsos e o desejo de comer em excesso é uma habilidade espiritual; também poder travar as necessidades na área sexual. É a capacidade de controlar o que é incontrolável".

Não existe melhor sensação do que a de ir ao médico fazer os exames de rotina e ele nos dizer: "O senhor está completamente saudável, o seus exames estão perfeitos". Não é verdade?

Esteve a pensar na importância da sua saúde? Não, este capítulo não é um sermão. É para vos dar a conhecer que estatisticamente somos nós, as mulheres, quem visitamos o médico de forma periódica. Todos nós devemos levar uma vida saudável, quer sejamos homens ou mulheres para podermos estar bem por nós e pelas pessoas que nos amam e que dependem de nós.

"...mas humildemente considerem os outros superiores a si mesmos...." (Filipenses 2:3).

Agora que aprendeu a importância do amor e tudo o que está relacionado com a mulher, os filhos e os sonhos, é o momento de compreender a importância de deixar os maus hábitos alimentares e o sedentarismo, por amor-próprio. Já tem muitas cargas (seja peso, stress, preocupações) e este é o momento de se desfazer delas.

Chega que o chamem "gordo" por ser obeso, ou "magricela" pela falta de musculatura no corpo. Nenhum extremo é bom. Tem que encontrar e atingir o seu ideal.

Seja pela genética ou pela alimentação, o que realmente importa é que entenda que se trata da sua saúde, da sua qualidade de vida e do seu futuro. A certa altura as forças não serão as mesmas, a vontade de fazer exercício também não, por causa da idade que vai avançando, então pense se não é o momento de começar.

Relações íntimas na ordem de Deus

As Investigações demonstram que os homens casados são mais saudáveis e têm uma vida mais longa. É assim devido à estabilidade emocional, por terem com quem partilhar e, é óbvio, por terem uma vida sexual frequente e ativa, que traz grandes benefícios para a saúde de ambos.

Por alguma razão a Bíblia diz: *"...alegre-se com a esposa da sua juventude."* (Provérbios 5:18).

Quero transcrever um ensinamento da secção "Dinâmica do Reino", da Bíblia Plenitude, (1 Coríntios 7: 3-4), que eu considero uma das melhores Bíblias de Estudo, sobre três aspectos do sexo:

> União, símbolo de amor, reservado para o casamento, ORDEM FAMILIAR. O coito é uma expressão íntima de afeto entre o esposo e a esposa. O apóstolo ressalta a importância do matrimónio ao declarar que o ato sexual é, na verdade, um dever; o marido tem que estar disponível para a mulher quando ela pedir, assim como a mulher tem que que estar disponível para o marido, quando ele pedir.
>
> É mais que um ato biológico de procriação. A Bíblia chama-o «mistério», um privilégio, um meio para que duas pessoas se fundam numa só (Efésios 5:32; veja Génesis 2:24). É um abuso desse privilégio quando um homem e uma mulher que não estão casados mantêm contacto sexual. (veja 1 Coríntios 5:1; 6:16); então, algo que está de acordo com o propósito de Deus e que nos devia trazer bençãos, traz-nos causa de julgamento. (veja Efésios 5:5).
>
> O único lugar que Deus previu a união sexual foi dentro do casamento. Então, nesse lugar, o ato sexual é um símbolo poderoso do amor entre Cristo e a Igreja. Uma partilha pura de gozo e delícia entre os cônjuges, um verdadeiro presente que recebemos das mãos de Deus. Fora desses limites, pode até ser virtualmente destrutivo. (Oséias 2:16, 17, 19, 20 / Isaías 54:5) L.C.

Existem muitos conceitos errados sobre o sexo, e eu quero trazer-lhe uma visão correta e bíblica para a sua vida acerca deste assunto. Ter uma vida sexual adequada dentro do casamento tem os seguintes benefícios:

• Reduz o stress.

• Melhora o ânimo e as emoções.

• Fortalece o sistema imunológico.

• Cura de forma instantânea a depressão leve.

• Faz circular endorfina pelo sistema sanguíneo, produzindo uma ótima sensação de euforia e bem-estar.

• O corpo liberta a hormona do amor (oxitocina), que atua como sedativo natural e desencadeia emoções positivas.

• Feito de forma regular, o sexo melhora de forma notável a saúde mental.

• Traz emoções, inclusive o sorriso.

• O sexo passa a ser menos stressante quanto mais for feito.[13]

13 consulta online: https://www.cnn.com/2018/03/01/health/health-bene-fits-of-sex-parallels/index-html

Tudo o que o ajudar a ter confiança trará vitória porque romperá com a covardia, as dúvidas e os medos. O que não consiga pela própria força, será conseguido com Deus.

Ele deulhe domínio próprio, que é fruto do Espírito Santo dentro de si. Controlar as emoções, os impulsos e o desejo de comer em excesso é uma habilidade espiritual, pode também travar as necessidades na área sexual. É a capacidade de controlar o que é incontrolável.

Para isso, tem que eliminar tudo o que é prejudicial: hábitos, filmes, amizades, programas, relações que o fazem perder tempo e dinheiro.

É necessário ter a convicção de querer receber as recompensas pelas mudanças que irá fazer, a fé na Palavra de Deus, que traz a verdade à sua vida, a oração e o desejo de querer ser um homem transformado.

Imagine sentir-se saudável, ser atraente e ter uma vida equilibrada. Lutará e recuperaráa sua dignidade, porque agora quando o virem, sentir-se-á diferente e não sabe como é bom sentir que é admirado.

Com disciplina pode contar as batalhas que ganhou, e isso falará bem de si e assim honrará o Criador. Você consegue.

PARA OS JÓVENS... QUE CHEGAM AO CUME

25

"Jovem, a linha da vida tem por diante uma montanha que deve ser escalada".

É impossível não escrever para os homens jovens, porque há muita riqueza e potencial para quem se põe nas mãos de Deus nesta etapa, ainda mais, quando os mandamentos são colocados em prática desde muito cedo. É uma escolha que não é difícil nem impossível.

Ao longo dos anos, a vida traz-nos deceções que endurecem o coração e os sentimentos. Quanto mais cedo estabelecermos uma relação com Deus, mais alto é possível chegar.

A linha da vida é como uma montanha que deve ser escalada onde cada passo dado o leva a atingir uma meta, um propósito.

Esta é a história de cinco jovens que estavam muito ocupados com a vida, os estudos e o trabalho. Depois de uma conversa, chegaram a um acordo: treinar durante um ano e economizar para comprar os equipamentos para escalar uma montanha com gelo.

Pediram licença no trabalho e nos estudos com um ano de antecedência, acomodaram a família, e treinavam arduamente durante a semana, porque o objetivo era chegar ao cume da montanha que iriam escalar.

QUANTO MAIS CEDO ESTABELECER UMA RELAÇÃO COM DEUS, MAIS ALTO CHEGARÁ.

O dia tão esperado chegou. Deixaram os estudos, os trabalhos, a família, os amigos e a cidade e começaram a viagem com todos os equipamento previamente adquiridos. Estavam contentes e felizes, com muita euforia e com a adrenalina das alturas. Chegaram ao local, prepararam os equipamentos e começaram a escalada.

Depois de sete dias de escalada e de enfretarem dias e noites de vento, frio e neve, com muito cansaço e fome, sentiram de repente um cheirinho a lenha e ouviram um som que parecia o de um canto.

Ao subirem, chegaram a uma montanha e puderam ver uma cabana com fumo a sair pela chaminé. Também ouviram vozes a cantar e sentiram um delicioso aroma a chocolate. Caminharam nessa direção e constataram que já estavam a meio do caminho.

Deixaram as coisas na porta e entraram nesse lugar acolhedor, com aquecimento, comida e chocolate quente. Cinco horas depois, alguns jovens começaram a dizer que já era hora de partir. Três decidiram ficar na cabana e não continuar com o caminho frio e gelado, debaixo da chuva e com neve até ao cume.

Os outros seguiram viagem. Os jovens que decidiram ficar estavam a olhar pela janela os colegas que partiram. À medida que os jovens que tinham continuado viagem se aproximavam do cume, a alegria de quem tinha ficado na cabana ia enfraquecendo.

Quando os jovens chegaram ao cume, reinou um silêncio fantasmagórico na cabana. Os que ficaram lamentaram o facto de não terem continuado com o esforço para o qual se tinham preparado durante um ano. Deramse conta que tinham perdido a oportunidade muito perto da meta, o cume.

Qual é a sua meta?

A motivação e a inspiração são a chave para o crescimento pessoal, tem que sair da zona de conforto, para não se lamentar como fizeram os que ficaram na cabana a poucos passos de chegar e poder saborear a vitória de ter atingido a meta.

Estudar, preparar-se e equipar-se vão dar-lhe as ferramentas para se desenvolver na área em que é forte. A motivação é a faísca que acende o motor da sua mente para ter projetos e sonhos.

Ao aproximar-se de Deus, as suas habilidades irão crescer, irão aperfeiçoar-se, e extrairão o tesouro que está dentro de si. Partilharão em si um alto nível de entusiasmo e vão travar o medo, que é pior do que o fracasso. Só que como ainda é jovem, precisa de ser motivado por alguém que esteja acima de si, e que lhe estenda a mão. Procure um mentor.

A sabedoria deseja ser sua amiga e ajudá-lo. Leia esta passagem da Bíblia com atenção:

> *Eu alegro-me com o mundo que ele criou, e a humanidade dá-me alegria. "Ouçam-me agora, meus filhos: Como são felizes os que guardam os meus caminhos! Ouçam a minha instrução e serão sábios.*
>
> *Não a desprezem. Como é feliz o homem que me ouve, vigiando diariamente a minha porta, esperando junto às portas da minha casa. Pois todo aquele que me encontra, encontra a vida e recebe o favor do Senhor. Mas aquele que de mim se afasta, a si mesmo se agride; todos os que me odeiam amam a morte.* (Provérbios 8:31-36, TLA).

• Forme a sua vida com a sabedoria divina.

• Atesoure na sua vida os saberes espirituais, que o ajudarão a alcançar as suas metas.

• Seja disciplinado e obediente aos conselhos.

• Aceite a instrução com alegria.

• Aprenda a dar um bom uso ao tempo. O tempo é ouro e nunca volta.

• Seja aplicado no trabalho.

• Use as energias de forma correta.

• Nunca se afaste da verdade.

• Não dê lugar ao orgulho, mantenha a humildade.

• Cuide com dedicação o seu caminho com o Senhor.

As
bênçãos
de Deus
chegarão até você.

TODAS AS HISTÓRIAS SÃO LINDAS, A NOSSA É A MINHA FAVORITA

26

Numa madrugada, Deus explicou-me o significado do pacto matrimonial e da nossa relação com Jesus Cristo.

Por exemplo, eu e o meu marido estamos dependentes um do outro as 24 horas do dia.

E quando não estamos fisicamente no mesmo lugar, os nossos pensamentos estão um no outro. Ele nunca sai da minha mente. Tudo o que fazemos é em função do outro.

Ele é a minha vida, porque somos um. Não passa pela nossa mente nos ferirmos. Conversamos muito. Gostamos das mesmas coisas.

Quando eu cozinho, penso na comida que o meu marido gosta.

Quando escolho uma roupa, penso na que ele gosta que eu use. Se ele me faz uma sugestão sobre a maquilhagem, escuto e faço as mudanças necessárias para poder melhorar o meu aspeto.

Ele é o centro da minha vida. Porquê? Porque somos um só. Porque vivemos num relacionamento de pacto e compromisso.

> Maridos, amem cada um as vossas mulheres, assim como Cristo amou a igreja e se entregou por ela. Da mesma forma, os maridos devem amar cada um a sua mulher como a seu próprio corpo. Quem ama a sua mulher, ama a si mesmo. Além do mais, ninguém jamais odiou o seu próprio corpo, antes o alimenta e dele cuida, como também Cristo faz com a igreja, pois somos membros do seu corpo. "Por essa razão, o homem deixará pai e mãe e se unirá à sua mulher, e os dois se tornarão uma só carne."2 Este é um mistério profundo; refiro-me, porém, a Cristo e à igreja. (Efésios 5:25, 28-32).

Duas coisas importantes: os dois vão tornar-se uma só carne é um mistério profundo, refiro-me, porém, a Cristo e à igreja. O pacto do casamento é comparado ao pacto de Cristo com a Igreja. É imprescindível ter uma relação de intimidade e permanência com Jesus Cristo de pacto e compromisso. O nosso matrimónio tem que ser igual: uma relação íntima e permanente de pacto e compromisso. Deus fala-nos através do Espírito Santo e começamos a conhecê-lo intimamente. Extraordinário!

Com Cristo tudo, sem Cristo nada.

Gosto de dizer que Deus não acabou com as nossas vidas. No calendário, Ele tem algo escrito com o nosso nome e depois de olharmos para o nosso interior e encontrarmos a nossa verdadeira identidade, temos que olhar para a frente, pois Deus traçou a linha da nossa vida de eternidade a eternidade.

Por isso é que o diabo esteve a tentar, de todas as formas possíveis, destruir os planos que Deus tem para cada um de nós, só que ele não consegue.

**Deus livra-nos de tudo...
até de nós mesmos.**

Dizem que os homens não choram, e isso não está certo.

As lágrimas são a oração líquida. Há um prazer profundo quando o inimigo é derrotado pela ação das lágrimas, porque as lágrimas são uma demonstração de quem se humilha perante o Senhor, e diz: "Senhor, preciso de Ti".

É muito difícil enfrentarmos as nossas fraquezas, dizemos o que não queríamos ter dito, fazemos o que não deveríamos ter feito. Escrevo isto com os olhos cheios de lágrimas, ao pensar que necessitamos que Deus nos livre de nós mesmos.

Temos que pedir ao Senhor que nos livre do orgulho e nos transforme em pessoas humildes. O humilde reconhece ser totalmente dependente de Deus, aprende a dar valor aos outros e não quer dominar os seus semelhantes. É uma pessoa que não exige nada, que renuncia aos seus direitos por amor a outras pessoas. Lembre-se que somos devedores do amor de Deus. É lógico que o maior exemplo de humildade está em nosso Senhor Jesus Cristo. Amo muito esta passagem:

Seja a vossa atitude a mesma que a de Jesus Cristo, que embora sendo Deus não considerou que o ser igual a Deus era algo a que se devia apegar;mas reduziu-se a si mesmo, vindo a ser servo, tornando-se semelhante aos homens. E, sendo encontrado em forma humana, humilhou-se a si mesmo e foi obediente até a morte, e morte de cruz! Por isso Deus o exaltou à mais alta posição e lhe deu o nome que está acima de todos os nomes, para que ao nome de Jesus se dobre todo joelho nos céus, na terra e debaixo da terra, e toda língua confesse que Jesus Cristo é o Senhor, para a glória de Deus Pai.
(Filipenses 2:5-11, NVI).

Assim diz o Senhor: "Não se vanglorie o sábio da sua sabedoria, nem o forte da sua força, nem o rico da sua riqueza, mas quem se vangloriar, vanglorie-se nisto: em compreender-me e co hecer-me, pois eu sou o Jeová e ajo com lealdade, com justiça e com retidão sobre a terra, pois é dessas coisas que me agrado", declara Jeová.
(Jeremias 9:23-24).

Conhecer DEUS é manter uma relação íntima com Ele, é permanecer sempre conectado com o Espírito Santo, é orar no espírito.

Por que razão as pessoas não oram? Precisamente porque carecem da presença de Deus.

Por que razão as pessoas dizem que Deus não fala com elas? Porque não leem a Bíblia. Deus fala-nos de muitas

. . . .
NÃO DEIXE QUE AS BÊNÇÃOS SE AFASTEM DE VOCÊ.

formas e uma delas é por intermédio da Palavra.

Tem que deixar de lado as distrações que o afastam de Deus e reservar um momento específico para encontrar-se com Ele. Tem que crescer todos os dias em todas as áreas da sua vida, principalmente na âmbito espiritual. Por isso, aprenda e modifique de forma definitiva as suas ideias com a Palavra de Deus e o melhor exemplo: Jesus Cristo.

As tristezas, as tentações e as decepções vêm através das pessoas que o afastam de tudo o que tem a ver com a sua alma e o seu espírito, que pertence a Deus.

Por isso é que esse tempo de solidão consigo mesmo e com o Senhor é tão valioso. Debaixo da sua dor, bem escondido, estão os seus segredos mais profundos, que somente Deus pode conhecer e curar.

A dor deixa de existir; não há mais tristeza nem amarguras. Existem muitas bençãos, muitas alegrias e gozo à sua espera, não permita que se afastem de si. A Bíblia diz: *"Ele que gostava de amaldiçoar: venha sobre ele a maldição!"* (Salmos 109:17).

Repito, não permita que as bençãos sejam afastadas de si. Clame a Deus e Ele responderá e lutará por si. Ele não o abandona, Ele olha para a sua alma e dá-lhe a sua Palavra, e os seus mandamentos que são deleitáveis, atrativos e desejáveis. Cada dia é uma oportunidadepara recomeçar, por isso nunca é tarde para mudar. Um versículo precioso diz-nos:

Jeová, o seu Deus, está no seu meio, poderoso para salvar. Ele regozijar-se-á em si;com o seu amor a renovará, ele regozijar-se-á em si com brados de alegria". (Sofonias 3:17).

É extraordinário saber que por cada sonho que não se realizou, por cada coisa que amamos e perdemos, Deus traçou um novo plano. Por isso, todas as vezes que o diabo quiser deter o seu caminho, lembre-se do fim dele: o lago de fogo que arde com enxofre; e do nosso destino: reinar aqui com Cristo e na eternidade com Ele.

Tem que cumprir o propósito eterno de Deus. Conhecer Cristo é tudo e é o tudo de Deus. Lembre-se: não há nada mais importante que isto.

Cristo tem que ser visto na sua vida. *"já não sou eu quem vive, mas Cristo vive em mim."*[14]

Cristo é tudo o que tem que procurar na vida. Ele é tudo.

14 Gálatas 2:20

*Habilidades
que através de
sua aproximação a
Deus são
aperfeiçoadas,
e extraem o tesouro
que está em você.*

Cristo é o nosso bálsamo nos momentos de maior necessidade. Ele é maravilhoso. Ele é a sabedoria que você precisa para entender sua mulher e ser o verdadeiro homem à estatura do Homem Perfeito. Ele é o Amor incondicional com quem você aprende a dar e receber amor porque Ele nos ama com um amor eterno. Ele é o caminho. Ele é a verdade. Ele é vida. Ele é a nossa cura. Ele nos escolheu. Ele restaura sua vida com Seu Poder. Amém.

PALAVRAS FINAIS

Obrigada por permitir que através deste livro eu o poss[a] brindar com um pouco mais de sabedoria para que poss[a] entender melhor o seu propósito e a sua missão. A partir de agora desejo que possa realizar mudanças transcendentes na sua vida e que elas sejam perduráveis e eternas.

Não posso terminar sem antes lhe apresentar Cristo como o seu salvador pessoal. Onde você estiver, faça esta oração:

> *Senhor Jesus Cristo, peço perdão pelos meus pecados e O confesso como o meu único e suficiente Salvador, eu declaro com a minha boca que Jesus Cristo veio em carne para a glória de Deus. Espírito Santo, encha a minha vida, e me ajude a orar. Em nome de Jesus Cristo. Amém.*

> *Porque Deus tanto amou o mundo que deu o seu Filho Unigénito, para que tudo o que nele crer não pereça, mas tenha a vida eterna (Juan 3:16).*

Deus o abençoe, o guarde, faça brilhar o Seu rosto sobre si e lhe dê paz. Shalom.

O QUE O HOMEM TEM QUE SABER SOBRE A MULHER... UM LEMBRETE

- Precisa de segurança e proteção.

- Precisa de afirmação, saber que ela é a única mulher na sua vida e a mais importante.

- Ter a sua casa é a realização mais importante e plena da mulher. Compre-lhe uma casa.

- É a sua ajuda, a orar o tempo todo por si.

- Ela comove-se ao saber que está sempre nos seus pensamentos, que você escolhe um lindo vestido e o imagina no seu corpo, que gosta de abraçá-la.

- Para evitar angústias e discussões, não lhe guarde segredos.

- Desejem agradar-se e respeitar-se naturalmente

- Ela é subtil, imprevisível e extraordinária.

- Ela apaixona-se pelo homem serviçal.

- A mulher sente-se amada quando é ouvida e cuidada pelo homem que está de mãos dadas com ela.

- Confie-lhe os números dos cartões de crédito e das contas bancárias.

- Entregue-lhe o dinheiro para que seja adminitrado por ela.

- Deixe-a ver o seu telemóvel.

- Mostre-se como um homem forte, valente e esforçado.

- Tenha um coração de serviço.

- Sente-se para comer em família, porque isso estabelece laços afetivos e reforça a autoestima dos seus membros.

- Apaixone-a com palavras bonitas.

- Ore pela sua esposa em voz alta, aconselhe-a com a Palavra de Deus.

- Lisonjei e acaricie a sua alma com palavras românticas.

- Encontre forma de ajudá-la a emagrecer e cuidar do corpo.

- Não há nada melhor para o romance do que o seu aroma ser agradável.

- Ao apresentá-la para os demais, faça com orgulho, apresente-a como a sua mulher: "a minha esposa" ou "a minha namorada".

- Tem que ser o centro da atenção dela e ela o seu.

- Tem que confiar plena e totalmente nela e ela em si.

- Surpreenda-a com uma saída a dois.

- Ajude-a a atingir os sonhos que ela mais almeja.

- Acalme a sua ansiedade com paciência e amor.

- Não dê lugar à raiva.

- Seja o seu confidente, para que ela saiba que pode falar consigo sobre qualquer coisa.

- Trabalhe na sua autoestima: ajude-a a se sentir-se linda e valorizada, com palavras, gestos, abraços e beijos.

O QUE A MULHER TEM QUE SABER SOBRE O HOMEM... UM LEMBRETE

- O homem responde aos elogios e à amabilidade da mulher.

- Um verdadeiro homem é generoso. Provê sempre a sua mulher e a sua descendência.

- Precisa de se reafirmar, garantir a sua posição de poder.

- Um homem fiel é muito apreciado e tem um valor incalculável, porque é um homem de palavra.

- A verdadeira função do homem é ser o principal meio de sustento da casa.

- A natureza do homem é ser um conquistador.

- O sentido de humor e o respeito mútuo são ingredientes excelentes.

- Os homens não gostam da confrontação direta.

- O homem é susceptivel às palavras de admiração da sua amada.

- O homem precisa de sentir que está sempre a chamar à atenção da sua mulher e que é admirado e respeitado.

- Ele precisa de sentir que ela necessita dele.

- O homem também é sensivel e, por isso tem que sentir que é prioridade da sua vida.

- Tem que desfrutar do seu trabalho.

- Tem que ser determinado em todos os seus atos.

SOBRE A AUTORA

A Apóstola Adriana Calabria torna-se autora com este livro, A MAIOR FRUSTRAÇÃO DO HOMEM: não compreender a sua mulher. Figura e conferencista internacional para mulheres e casais, é uma ministra Doutora em Teologia e Cuidado Pastoral de origem italiana, nacionalidade argentina e cidadã dos Estados Unidos da América. Foi criada com os ensinamentos da Palavra de Deus desde a sua infância.

É uma líder com convicções firmes, visão realista e conhecedora das relações humanas e do casamento, tudo sob o fundamento da Palavra de Deus. A sua vigência e visão aguda sobre o mundo em que vivemos, traduz-se numa empatia impressionante pelas pessoas e, sobretudo, pela mulher.

Está casada há 31 anos com o Apóstolo Osvaldo Díaz, e são pais de 3 filhos, Agustín, casado com Saraí, Damaris, esposa de Doménico e Daniela. Disfrutam de dois netos pequenos, Ethan e Liam.

Depois de ter feito uma longa carreira judicial, responde ao chamado a tempo integral, mudando-se para o estado da Carolina do Norte, Estados Unidos, e funda com o marido, o Apóstolo Osvaldo Díaz, o Ministério Celebração Osvaldo Díaz Ministries, (CODM). É uma organização religiosa a nível mundial, com igrejas em Portugal, União Europeia, Honduras, América Central, Cuba, Nigéria África e México, consolidou-se como um modelo e plataforma para depois criar a Universidade Cristã.

As igrejas são conhecidas como:

Igrejas nos E.U.A.: CODM USA

Igrejas em Portugal: CODM Portugal

Igrejas em Honduras: "Reino de Dios" CODM

Igrejas no México e Argentina: (em processo de inscrição)

Na Nigéria, África, anexos da Universidade Cristã da CODM

Adriana Calabria tem duas paixões: ajudar as mulheres à volta do mundo a encontrarem o seu lugar na sociedade e a servir a Deus, e ser mentora, com o seu esposo, como portadores de um estilo de vida que é testemunho para casais e famílias.

Adriana Calabria

Para apresentações, conferências, sermões, e
compra de livros, entre em contato:

Apostol Adriana Calabria
Telefone: 01-919-452-5121

adrianacalabria.com

📘 Adriana Calabria Autora

🐦 Apostol Adriana C.

📷 Adriana Calabria Autora

www.ingramcontent.com/pod-product-compliance
Lightning Source LLC
La Vergne TN
LVHW052023080426
835513LV00018B/2120